多维视角下的
高校篮球教学体系研究

孙锡杰　著

SPM 南方传媒 | 广东人民出版社
·广州·

图书在版编目（CIP）数据

多维视角下的高校篮球教学体系研究 / 孙锡杰著 . — 广州：广东人民出版社，2021.12
ISBN 978-7-218-15508-1

Ⅰ . ①多… Ⅱ . ①孙… Ⅲ . ①篮球运动－体育教学－教学研究－高等学校 Ⅳ . ① G841.2

中国版本图书馆 CIP 数据核字（2021）第 257758 号

DUOWEI SHIJIAO XIA DE GAOXIAO LANQIU JIAOXUE TIXI YANJIU
多维视角下的高校篮球教学体系研究
孙锡杰 著

出 版 人：肖风华

责任编辑：李力夫
责任技编：吴彦斌 周星奎
装帧设计：马静静

出版发行：广东人民出版社
地　　址：广州市大沙头四马路 10 号（邮政编码：510102）
电　　话：（020）85716809（总编室）
传　　真：（020）85716872
网　　址：http://www.gdpph.com
印　　刷：北京亚吉飞数码科技有限公司
开　　本：710mm×1000mm 1/16
印　　张：13 **字　　数：**208 千
版　　次：2022 年 6 月第 1 版
印　　次：2022 年 6 月第 1 次印刷
定　　价：65.00 元

如发现印装质量问题，影响阅读，请与出版社（020-85716849）联系调换。
售书热线：（020）85716826

前　言

篮球运动具有突出的健身性、娱乐性、趣味性以及竞技性等特征，深受大学生的喜爱。在高校开展篮球教学，对增强大学生体质、提高大学生道德素质、增强大学生运动能力、促进大学生全面发展具有重要意义。但在新形势下我国高校篮球教学中依然存在很多问题，如教学理念落后、课程设置缺乏科学性、课程运作效率低下、教学方法手段单一、高水平人才欠缺以及缺乏安全管理，等等。这些问题严重影响了高校篮球教学的发展。对此，有关部门及教育工作者要从多维视角出发深入研究高校篮球教学的改革与创新，从层次理论、启发理论、实践应用等方面提出有效的发展对策和建议，以期完善高校篮球教学体系，提高高校篮球教学效果，推动高校篮球事业的可持续发展。基于此，作者在查阅大量相关著作文献的基础上，精心撰写了本书。

本书共有八章内容。第一章阐述篮球运动的基本理论知识，以形成对篮球运动的初步认识。第二章分析高校篮球教学的学科理论，以期为高校篮球教学工作的开展提供科学理论指导。第三章在课程思政视域下研究高校篮球教学的发展，提出了篮球课程思政教学的设计方案，以促进课程思政理念与篮球教学的深度融合。第四章在“有效教学”视角下研究高校篮球教学课程体系建设，旨在提高高校篮球教学的效率、效果和效益。第五章探讨了“以人为本”“健康第一”“终身体育”三个重要教学理念在高校篮球教学中的贯彻与应用，以突出大学生的主体地位，提高大学生的健康水平，培养大学生的终身体育意识和锻炼习惯。第六章在新媒体视角下研究高校篮球教学的管理，以充分发挥新媒体教学手段在篮球教学中的作用，提高篮球教学的现代化水平。第七章在“体教融合”视角下研究高校篮球人才培养，包括对篮球教师、高水平运动员、篮球教练员及篮球裁判员的培养。这些都是高校篮球发展中不可缺少的人才，加强对这些专业人才的培养，对高校篮球教学的可持续发展具有重要意义。第八章基于“健康第一”视角而研究高校篮球教学保障，包括营养、运动康复和医务监督三方面的保障，以期提高篮球教学的安全性，全面维护大学生的健康与安全。

总体而言，本书具有以下几个特点。

第一，系统性。本书主要研究不同视角下高校篮球教学体系的建设与发展。首先分析高校篮球理论知识体系、学科基础体系；然后分别研究课程思政、“有效教学”、多元教育、新媒体、“体教融合”以及“健康第一”等多维视角下高校篮球教学课程体系、教学理念应用、教学过程管理、篮球人才培养、全面教学保障等问题。总体来看，结构完整，内容丰富，层次清晰，具有较强的系统性。

第二，学术性与实效性。本研究立足于多维视角而全面审视我国高校篮球，对高校篮球教学进行了多方位、多角度的研究，为我国高校篮球教学的持续发展提供了极为重要的指导。研究过程中注重理论联系实际，既有前瞻性的理论探讨，又有操作性的研究，具有很强的学术性、实效性。

第三，创新性。本书基于新媒体视角下而研究高校篮球教学管理，并在“体教融合”视角下探讨高校篮球人才研究。高校篮球教学的发展离不开高素质的篮球人才，也离不开科学而全面的管理。本书在两个新的视角下探讨这些问题，具有重要的时代意义和创新价值。

总之，本书主要基于多维视角和理念而探讨高校篮球教学体系的建设与完善，在不同视角下提出了多元理念在高校篮球教学中的应用及篮球教学的发展建议。希望本书能够为进一步完善我国高校篮球教学体系及提高高校篮球教学质量做出贡献。

本书在撰写过程中参考并借鉴了很多专家、学者的研究成果，在此表示诚挚的感谢。由于作者水平有限，书中难免有不足与疏漏之处，敬请广大读者批判指正。

作　者
2021年5月

目　录

第一章

高校篮球理论知识体系概述

虽然篮球运动是一项更加注重实践的运动项目，但是高校篮球教学中的理论知识教学仍然是不可或缺的重要部分，篮球理论知识的学习对于帮助学生了解篮球和快速掌握篮球技能具有重要的作用。本章将从篮球运动溯源和发展、篮球运动的基本常识、篮球运动的特点和价值、篮球运动的文化内涵几个方面入手，对篮球理论知识体系进行具体阐述。

第一节　篮球运动溯源及发展

一、篮球运动的起源

篮球运动发源于美国，最开始出现在一所由基督教青年会创办的学校中，后来篮球成为风靡全世界的体育运动，基督教也借助篮球在世界体育史上留下了浓墨重彩的一笔。

1885年，波士顿青年会在马萨诸塞州的斯普林菲尔德学院设立体育部，并任命一位叫做詹姆士·奈·史密斯的博士担任成人体育培训班的教师。青年会提倡的教育理念是在教学中充分尊重青年的兴趣和爱好，并将兴趣和教学相结合，培养全面发展的学生。詹姆士·奈·史密斯在青年会这种教育理念的影响下，认为应该开展能够引起青年参与兴趣的体育课程，并且结合当地冬天非常寒冷、不适合进行室外体育活动的现实，决定要自己设计一种能够在室内进行比赛的体育活动，后来他设计出来的这种运动就是最开始的“篮球运动”。

史密斯在设计篮球运动之初，结合当时的现实情况，认为设计出来的运动项目必须符合三点要求。其一，该项目必须要在“文明”的范围内开展，人们应该在设定明确的规则内进行比赛，不能发生像橄榄球运动中一样的粗野行为；其二，该项目可以避免受到自然环境的影响，除了可以在室外进行，还应当可以在室内进行，可以不受漆黑的夜晚、下雨天等天气因素的影响。其三，该项目应该适合不同年龄、不同性别的人参与，尤其是要能够吸引青年们参与。

根据自己对该项目的设想，史密斯在1891年设计出了一种根据参与者投掷的准确性来计算分数的运动项目，灵感来自于工人和小孩子们经常做的向桃篮里投准的游戏，以及自己小时候在家乡中经常玩的投掷石头“打落野鸭子”的游戏。新项目还借鉴了橄榄球、曲棍球和足球等项目的特点，参考了其中的技术。史密斯博士决定将投掷的目标以水平的方式放置在人们头顶的高处，他找来了两个上宽下窄的桃篮，并将其定在体育馆两端看台的柱子上，作为抛掷的目标。史密斯博士放置桃篮的高度为10英尺，也就是3.05米，这个高度一直延续下来，依旧是现代篮球篮框的高度。

史密斯博士非常讨厌当时的橄榄球中那种粗暴的运动方式，他为了避免大家在新项目的运动中相互冲撞，为新项目制定了四个简单的规则，也就是篮球运动最初的规则，这四条规则如下。

第一，使用的投掷工具要像足球一样柔软并且是圆形，这样能够有效避免工具带给人们的意外伤害。

第二，不能在运动过程中做粗野的动作，禁止推、打、踢等不文明动作。

第三，只能用手传球，不得用脚踢、拳打和头顶，也不得抱着球跑动。

第四，投掷的目标要设置在空中，并且是水平的状态。

初步确定了该运动项目使用的工具和运动的规则之后，史密斯博士将这项运动带到了体育课堂，并且在1891年的圣诞节带领自己训练的队伍进行了表演比赛。由于当时还没有专门的工具，他们在这场表演比赛中使用的是美式足球。根据投中一只球得一分的评分规则，这次比赛中只有一名叫契艾斯的学生投中了一只球，他的队伍也因为1：0的优势获得了胜利。

1892年，史密斯博士和其他几名教师组成一队，和几名经过训练的培训班学生在学校组织了一场正式的比赛，这场比赛就是历史上的第一次正式篮球比赛。比赛分成上、下两个半场进行，一个半场的时间为15分钟，两个半场之间的休息时间为10分钟。最终的比赛结果为学生队伍获胜，学生们一共投进了5个球，而教师们一共只投进了1个球。不过值得一提的是，教师队中唯一一个投中球的人，是美式足球的创始人史达科。

白金汉小学的女教师经常观看史密斯他们进行的篮球训练和比赛，久而久之也被这种新颖有趣的运动项目吸引了。为了满足这些女教师的愿望，史密斯博士为她们举办了一场篮球比赛，参与者就是这些女教师本人。比赛很成功，这场比赛也成为世界上第一场女子篮球比赛。

二、篮球运动的发展

（一）篮球运动的发展历史

1. 初创和传播时期

时间：19世纪90年代—20世纪20年代

篮球运动作为一项适合多人一起参与又颇具趣味性的新型运动方式，自问世以来就受到人们的广泛欢迎，很快就从美国传向世界各地，受到世界各国体育爱好者的喜爱。1892年，美国报刊介绍了篮球运动，篮球就此被全美国人民所熟知，并很快从学校走向社会，成为全社会的时尚运动方式。同年，篮球运动又从美国传向其邻国墨西哥，1893年传入法国，1895年传入中国、英国，1896年传入巴西，1897年传入捷克，1901年传入日本、伊朗，1905年传入俄国、古巴，1907年传入意大利，1908年传入波兰、瑞士，1911年传入秘鲁……篮球运动逐渐从美国走向全世界。

2. 完善推广时期

时间：20世纪30—40年代

篮球运动传播到世界各国，并在各国范围内拥有了众多爱好者，但是仍然缺少一个能够将各国的爱好者集中起来、举办统一的具有世界范围内影响力的篮球活动的正式组织。为了打破这种局面，1932年，由8个国家共同参与组成的国际业余篮球联合会在瑞士日内瓦成立，并将该组织的总部设置在意大利的罗马。该组织将“统一世界各国的篮球竞赛规则、将篮球运动列为奥运会的正式比赛项目”作为自己的主要目标并为之奋斗。在该组织及其他人员的努力下，1936年篮球运动正式登上了第十一届奥运会的舞台，奥运会首次举办了男子篮球比赛。除了将篮球比赛送入奥运会赛场，国际篮联还积极组织世界性的篮球活动，于1935年、1938年分别组织了第一届欧洲男篮、女篮比赛，并将其变为两年举办一次的传统赛事活动。

3. 普及成长时期

时间：20世纪50—60年代

随着篮球运动在世界上的地位逐渐稳固下来，篮球运动的发展重点开始向技术、战术方向转移。首先，为了突破比赛规则的制约，篮球运动员的体型开始向高大化的方向发展，中锋的身高一度成为决定比赛结果的重要因素。1950年的阿根廷首届男篮锦标赛和1953年的智利女篮锦标赛上，篮球运动员的身高成为比赛场上的亮点，由此，篮球比赛中逐渐流传着“得高大中锋者得篮球天下”的说法。为了改变这种“身高决定论”的局面，人们不得不对篮球比赛的规则进行修改和完善，以降低身高在篮球比赛中的作用，制定了如扩大3秒区、将一次进攻时间控制在30秒之内完成等新规则。同时，世界各国也根据自己国家球员的特点和优势，形成了各具特色的篮球打法，比如以美国为代表的高度、速度、技巧相结合的美洲型打法，以苏联为代表的高度和力量相结合的欧洲型打法，以中国、韩国为代表的快、灵、准相结合的亚洲型打法等。

4. 全面提高阶段

时间：20世纪70—80年代

虽然为了降低篮球运动员的身高在篮球比赛中的作用已经制定了一系列措施，但是篮球运动员“高大化”发展的趋势并没有停止，到了20世纪70年代之后，篮球运动员的身高在2米以上已经是一件非常普通的事情了。随着篮球运动员身高和篮球技术的发展，篮球比赛在高度和速度上的竞争愈加激烈。为了改变这种竞争技术上的单一性，使篮球比赛的竞争朝着更加多元化的方向发展，1973—1978年间人们又对篮球比赛的规则进行了多次调整，使得篮球比赛在注重高度和速度的基础上，又对运动员提出了智慧、准确、灵巧等方面的要求。1976年的第二十一届奥运会篮球比赛和1978年的第八届世界男子篮球锦标赛之后，篮球比赛朝着高身材、高技巧、高速度、多变化、高比分于一体的方向发展的趋势更加明显。20世纪80年代中期，为了进一步体现篮球比赛对运动员素质的全面要求，人们又对篮球比赛的规则进行了多次调整，比如重新修改了竞赛规则和进攻时间的规则、增加了3分球的规定等。

5. 创新发展时期

时间：20世纪90年代至今

20世纪90年代，奥运会首次允许职业篮球队员参赛，篮球运动进入了一个新的发展时期。1992年，美国“梦之队”在第二十五届奥运会上展现的现代篮球技术，使人们看到了篮球运动的新发展。与此同时，苏联和南斯拉夫等欧洲地区代表队的篮球技术也有了巨大的进步，篮球比赛形成欧、美两大阵营强势对抗的局面。至此，世界篮球运动发展跨入了融竞技化、智谋化、技艺化于一体的时期。现代篮球运动的规则和技术不断改变创新，篮球比赛朝着更高、更快、更强、更加注重技术性、更加具有观赏性的方向不断前进。

（二）篮球运动的发展趋势

1. 篮球运动大众化

篮球运动集趣味性、互动性、竞技性、锻炼性于一体，深受广大体育爱好者的喜爱，在世界范围内随处可见各类篮球活动的身影。篮球活动的广泛举办使得篮球文化逐渐成为一种世界性的大众运动文化，篮球运动也成为一种大众锻炼和娱乐的好方式。尤其是在广大发展中国家，人们逐渐认识到运动健身的重要性，再加上社区、企业以及篮球组织、篮球爱好者的推动，篮球运动也将在发展中国家开拓出更加光明的发展前景。

2. 学校篮球运动的繁荣

学校向来是各项体育运动项目发展的沃土，篮球运动也不例外，近年来学校各类篮球活动的开展对于促进篮球运动的繁荣具有重要作用。篮球运动对学生身体素质、心理健康、智力发展上的促进作用深受教育部门的肯定，各类篮球团体得以在校园内成立、各类篮球活动得以在校园内开展，学校篮球活动呈现出一种欣欣向荣、蓬勃发展的大好趋势。

3. 篮球运动员职业化

职业篮球比赛的发展和职业性篮球俱乐部的建立使得篮球运动员的职业化程度越来越高，反过来，篮球运动员的职业化发展又进一步提高了职业篮球竞赛和职业篮球俱乐部的商业性和经济性价值。篮球运动商业化发展带来的经济效益将进一步促进篮球运动员的职业化，与篮球运动相关的产品和服务也将形成一种新兴产业。

4. 篮球竞赛的难度进一步提高

随着篮球运动的深入发展，篮球运动员技、战术水平的提高，篮球比赛将呈现出更加激烈的竞争趋势。虽然目前欧美国家的篮球水平整体处于领先的地位，但是篮球比赛的排名已经出现不断变换的形势。篮球运动员的竞技能力除了受到自己的先天素质和后期努力的影响，还受到国家经济实力、科技发展水平、配备的教练的水平等方面的影响，一个专业篮球运动员的培养需要动用的社会资源越来越多，体现出的国家发展水平和国家重视程度越来越明显。社会发展推动运动员实力的不断增强，也因此导致篮球竞赛难度的进一步提升。

第二节　篮球运动基本常识

一、篮球运动的主要赛事活动

（一）奥运会篮球比赛

奥运会篮球比赛是篮球运动的重要赛事之一，奥运会按性别将篮球比赛分成男篮比赛和女篮比赛两种。奥运会比赛形式通常包括预赛、复赛、决赛三个流程，其中在预赛中一般采用的是分组单循环赛制，复赛和决赛一般采用交叉赛制。

奥运会第一次开办男篮比赛是在1936年的第11届奥运会上，目前为止中国在男篮比赛中取得的最好成绩是成功进入8强。自第21届奥运会开始，规定每届奥运会的男篮参赛队伍只能有12支，分别是上届奥运会的前3名、奥运会预选赛的前3名，亚洲、非洲、欧洲、美洲、大洋洲各洲的冠军队和东道主队。奥运会第一次举办女篮比赛是在1976年的第21届奥运会上，目前为止中国在奥运会女篮比赛中取得的最好名次是第25届奥运会的亚军。

（二）世界篮球锦标赛（现改为篮球世界杯）

世界篮球锦标赛于1950年开始举办，最开始举办的只有男子篮球比赛。此后四年举行一届，成为一项世界性的篮球赛事活动，其举办单位为国际足球联合会。

世界篮球锦标赛男篮比赛的赛制为：首先进行预赛，预赛将所有队伍分成4个小组，小组内的各个队伍进行比赛，小组内的前3名获得出线权，后3名被淘汰。通过预赛出线的12支队伍进入复赛，复赛中这些队伍将会被分成2个小组，每个小组的前2名参加1～4名的决赛；3、4名参加5～8名的决赛，5、6名参加9～12名的决赛。中国在世界篮球锦标赛中取得的最好成绩是1994年第12届篮球世锦赛的第八名。

世界篮球锦标赛第一次举办女子篮球比赛是在1953年的圣地亚哥篮球世

锦赛上，参赛资格和赛制的规定上和男子篮球比赛基本相同。中国女篮第一次参加篮球世锦赛是在1983年，目前为止取得的最好成绩是1994年第12届世界女子篮球锦标赛上的亚军。

2012年1月28日国际篮球联合会宣布男篮世锦赛更名为篮球世界杯。国际篮联篮球世界杯是国际篮球联合会（简称“国际篮联”）主办的世界最高水平的国家队级篮球赛事，每四年举办一次。

（三）美国职业篮球联赛（NBA）

“NBA”的意思是“国家篮球协会”，NBA篮球比赛目前吸引了约30支球队的众多优秀球员参加，被公认为是目前世界最高水平的篮球比赛，并且逐渐成为一项世界性的篮球赛事。

NBA职业篮球赛的赛制为：将整个联赛分成11月初—次年4月20日的常规赛和4月下旬—6月下旬的季后赛两个阶段，其中，常规赛的作用是为季后赛选拔队伍，季后赛的作用是在选拔出的队伍中角逐出冠军。

（四）中国男子篮球职业联赛（CBA）

中国男子篮球职业联赛，简称中职篮（CBA），是由中国篮球协会所主办的跨年度主客场制篮球联赛，是中国最高等级的篮球联赛。CBA设立季前赛、常规赛与季后赛，大致举办时间为每年10月至次年4月，CBA总决赛胜出球队获得当赛季CBA总冠军。截至2020—2021赛季，总共有7支球队夺得过总冠军（广东宏远华南虎俱乐部十一次夺冠，八一男子篮球队八次夺冠，北京首钢篮球俱乐部三次夺冠，辽宁沈阳三生飞豹篮球俱乐部、新疆广汇飞虎俱乐部、上海东方大鲨鱼俱乐部、四川金强蓝鲸俱乐部各夺冠一次）。

（五）中国大学生篮球联赛（CUBA）

CUBA，即中国大学生篮球联赛（China University Basketball Association）的简称，它将“发展高校篮球，培养篮球人才”作为比赛的宗旨。在1998年，中国大学生篮球协会与杭州可爱可服饰有限责任公司共同举办了第1届中国大学生篮球联赛（CUBA）。CUBA以大学为中心，重点推行文化品牌，已经在中国篮坛中开垦出了一片属于自己的土地，拥有了自己的发展空间。

它紧紧抓住高中生的大学情结，提出了“打篮球是我的梦想，上大学是我的梦想，CUBA是我圆梦的地方”。这些年来，这项赛事已经成为中国高等院校体育运动竞赛的一项最为成功的项目。其规模之大，参赛队伍之多，现场观众之多创下我国赛事之最。这项比赛的影响力已经远远超出了赛事本身，它不仅为我国高校体育带来了一场深刻的变革，而且其改革的力度和方式也进一步推动了中国篮球职业化的进程，使我国篮球运动的发展进一步加快，同时也加快了我国篮球运动与国际接轨的步伐。CUBA的开展也为我国高校有效地开展课余体育训练，培养高水平的体育运动人才提供了新的思路。它在全国高校中掀起了篮球热，吸引了众多大学生的目光，并在社会上产生了巨大的影响力。

另外，CUBA为了使比赛更加公平，并保持业余体育的纯洁性，它对参赛运动员的要求是所有参加比赛的运动员都必须是在校正式大学生在CUBA注册，并未在中国职业篮球联赛中注册。而那些曾经是或目前仍然属于国家、省、自治区、直辖市、特别行政区运动队的正式在编运动员，都不允许参加比赛。那些在中国篮球协会或篮球运动管理中心注册的，以及曾经参加过全国青年联赛、WCBA联赛、CBA联赛、NBL联赛的运动员，也不能参加比赛。

（六）NCAA美国大学生篮球联赛

美国大学生篮球联赛也被很多人称为“NCAA”联赛。其实，“NCAA”是National Collegiate AthleticAssociation（全国大学体育协会）的缩写。该组织成立于1906年，首次组织男子篮球比赛是在1939年，在最初的时期，参加这项联赛决赛阶段比赛的队伍只有8支，1951年扩展为16支。1975年为32支，1980年48支，而自1985年以后，基本固定为64支参赛队。在1992年以前，由于职业篮球选手被国际篮联禁止参加世界大赛，基本上都是由美国大学生篮球联赛中的优秀球员代表美国队参加各项世界大赛。这个联赛每年都为NBA联盟和世界各大篮球联赛输送近百名优秀球员，是世界公认的篮球明星的摇篮。NCAA对于所辖学校参加各级各类联赛的资格，都有相当严密的规定，必须符合这些基本“准入条件”后，才能参加相应的联赛。

二、篮球运动竞赛规则要点

（一）基本规则

（1）每场篮球比赛的参赛队伍有2支，每支队伍一共有12人，其中包含上场队员5人，候补队员7人，每支队伍有1名队长。

（2）每次将球投入对方篮框得2分；在3分区外将篮球投入对方篮框得3分；罚球将球投入对方篮框得1分。

（3）比赛共分成4个小节，每2个小节为1个半时，第1、2小节和第3、4小节之间的休息时间为2分钟，2个半时之间的休息时间为15分钟。

（4）比赛成绩由得分决定，得分多的队伍获得比赛的胜利，如果在比赛结束时两个队伍之间仍然处于得分平等的情况，则加赛一个或者数个5分钟决胜期以分出胜负。

（5）比赛中，对双方队伍的换人次数不加以限制，但是对于需要登记的暂停，每支队伍在上半时的任何时间内可以申请2次，在下半时的任何时间内可以申请3次，在决胜期的任何时间内可以申请1次。

（6）比赛中裁判员的制度有两人制和三人制两种，两人制中裁判员包括主裁判员和副裁判员两人，三人制中裁判员包括主裁判员、第一副裁判员、第二副裁判员三人。比赛时的现场记录人员包括记录员、助理记录员、计时员和24秒钟计时员四人。

（7）整个篮球比赛过程由裁判员、记录人员和技术代表共同管理。

（二）篮球比赛中的违规行为

篮球比赛中违反规则的行为可以分为违例和犯规两种，下面我们将对这两种违反规则的行为进行具体阐述。

1. 违例

违例是违反篮球比赛的规则，一般对违例的处罚是将球权判给对方队伍在靠近发生违例的地点掷球入界。

篮球比赛中具体的违例行为有以下几种。

（1）带球走

如果持有活球的篮球运动员用一只脚朝着任意方向踏出了一次或者多次，那么他的另外一只脚必须要一直保持停留在与地面的接触点上，如果另外一只脚的位置发生了改变，则认为这名运动员发生了带球走的违例行为。

（2）非法运球

篮球运动员在运球之后，用双手接触球、将球放置在单手或者双手之中都认为此次运球已经结束。此时除非篮球运动员失去篮球的控制权之后又重新取得篮球，否则不允许再次发生运球行为。如果篮球运动员在结束运球后又进行了一次运球活动，则认为该运动员发生了非法运球的违例行为。

（3）拳击球或者脚踢球

篮球比赛中只能通过双手传球，如果篮球运动员故意用拳头、腿部或者脚击球，则说明该运动员发生了拳击球或者脚踢球等违例行为。不过在判断篮球运动员是否用其他部位击球的时候，要注意如果是球和腿部等部位无意间发生了接触，则不认为该篮球运动员发生违规行为。

（4）球回后场

篮球比赛的赛场有前后场之分，本队进攻的半场则为本队的前场、对方队伍的后场，本队防守的半场则为本队的后场、对方队伍的前场。关于前后场的规定为：一旦某支队伍在其前场控制篮球，则其必须将篮球保持在前场，不能使篮球再次回到后场。判断一支队伍是否发生了球后回场的违例行为，需要根据以下三个因素。

①篮球必须受到该队伍队员的控制。

②球在从前场回到后场之前，该队伍的队员或者裁判员最后接触到篮球。

③球在回到后场之后，该队伍的队员首先在后场接触到篮球。

当这三个条件都满足时，则认为该队伍发生了球后回场的违例行为。

（5）干涉得分和干扰

某个队伍的队员在投球入篮的过程中，当球处于篮框水平面之上时，任何人不得接触篮球；当球处于刚好和篮框接触的位置时，任何人不得接触篮球，也不得对篮球架和篮框做任何动作。如果进攻队伍的队员违反规定企图在这一过程中使用动作帮助篮球进入篮框，则该次投球不得分，并将球判给对方在罚球线延长部分的界外掷球入界；如果防守队伍企图在这一过程中采取动作阻止篮球进入篮框，则无论对方是否投中，此次投球都得分。

（6）3秒违例

当某支队伍在前场控制活球，同时比赛计时针正在运动时，该队伍队员在对方限制区内不得持续停留超过3秒钟的时间，否则视为发生了违例行为。

（7）5秒违例

进攻队员的界外球必须在5秒之内投掷出去；当进攻队员被对方严防死守的时候，必须要在5秒之内做出传、投、运球的动作；罚球队员必须在5秒之内出手。

（8）8秒违例

一支队伍从在后场控制活球开始，必须要在8秒内使球进入前场，否则视为该队伍发生违例行为。

（9）24秒违例

一支球队必须要从控制活球开始的24秒内进行投篮，并且投篮要以篮球碰到篮框为标准。

2. 犯规

犯规是指对规则的违犯，包括和对方队员的非法身体接触和违反体育道德的举止，对违犯者登记犯规并随后按照规则予以处罚。在篮球比赛中具体的犯规行为有以下几种。

（1）侵人犯规

侵人犯规指的是队员与队员之间的身体接触犯规，无论对方控制的是否是活球，都不应该采用身体的任何部位向对方做拉、推、撞、绊等阻挡动作；也不能将自己的身体弯曲成超出常规的姿势；更不能在篮球比赛中对对手做出任何不文明的、粗暴的行为。

如果篮球运动员发生上述行为，则应该认为其进行了侵人犯规的行为，对其进行一次侵人犯规记录。当被侵犯方是正在投球的队员时，如果投中，则除了正常计分外还要另为其追加一次罚球的机会；如果未投中，则视情况为其追加2次或者3次罚球的机会。

当被侵犯的是未在投球的队员时，则由非犯队员在靠近犯规地点的界外掷球入界重新开始比赛；如果发生侵人犯规行为队员所属的整个队伍都处于被罚的状态，则应该判给被侵犯的未投球队员2次罚球的机会。

（2）技术犯规

技术犯规指的是包含行为性质的队员的非接触犯规，具体包括无视裁判员警告、冲撞比赛现场的管理人员和工作人员、对观众做冒犯性或者煽动性动作以及语言、用非接触性行为妨碍对方队员的动作、故意采取行为延误比赛等。

队员发生技术犯规行为，对其本人进行一次记录，并将犯规行为计入全队比赛表现中。

教练员、替补队员和队伍随从人员发生技术犯规行为，都将犯规行为记录在教练员身上，但是不将其计入队伍比赛表现中。

对技术犯规的处罚，是判给对方2次罚球，以及随后在记录台对面的中线延长部分掷球入界或在中圈跳球开始第一节（如犯规发生在第一节比赛前）。

（3）违反体育道德的犯规

违反体育道德的犯规是指一名队员在篮球比赛的规则之外，合法地从对方手中抢球，但是该抢球的行为不符合体育道德的要求，则认为该队员发生了违反体育道德的犯规行为，并加以记录。

当犯规的对象是正在投球的队员时，如果对方本次投篮投中，则除了正常计分之外另判给1次罚球；如果对方本次投球未投中，则视情况判给对方2次或者3次罚球。当犯规的对象是不在投球的队员时，应该判给对方2次罚球的机会。在违规记录和罚球的处罚之外，还需要随后在记录台对面的中线延长部分掷球入界或在中圈跳球开始第一节（如犯规发生在第一节比赛前）。

第三节　篮球运动的特点与价值

一、篮球运动的特点

（一）高空性与凶悍性

首先，篮球运动是在规定的时间内，通过变换篮球与固定的篮框之间的空间位置而进行的攻守比赛。篮框位于平行于地面的3.05米的高度，相对人类的身高来说，具有高空性的特点。人们在进行篮球比赛时要树立高空意识，运用各种技术、战术突破高度的限制，达到投篮入框的目的。其次，篮球运动攻守对抗竞争是在狭小的场地范围内快速、凶悍地贴身进行的身体对抗，获球与反获球的追击、抢夺、拼智、拼技、拼体、拼力，不但需要具备聪颖的头脑，还需要具备特殊的体能、彪悍的作风和顽强的意志。篮球竞赛的过程，即是强化这种作风的过程。

（二）独特的时空对抗性

篮球运动是时间性对抗和空间性对抗相结合的运动项目。从时间性上来说，篮球比赛是在规定的时间内进行的，以规定时间内各个队伍的得分多少作为比赛胜负的依据，并且在比赛的过程中还有着关于时间的各种细节性规定，如3秒违例、5秒违例等。在篮球比赛的过程中要具备精确的时间观念，争取从时间优势上压制对方。从空间性上说，篮球运动中的动作是地面动作和空中动作的结合，高空性是篮球运动的重要特性。篮球比赛中必须要充分认识到篮球运动的空间性，利用各种技术、战术，展开立体性的攻防，瞬间快速、准确围绕空间目标不断转化防守。

（三）协同性和转换性

篮球运动是一项团队集体参与的运动项目，团队之间在技术、战术上的协同配合能力成为影响篮球比赛结果的重要因素。团队之间的配合效果能够在一定程度上反映一支队伍的风格和作战能力，从己方来说，要不断培养队伍之间的默契度，提高团队在技术和智慧上协同作战的能力；从对方来说，可以对对方队伍的团队作战方式加以研究分析，从中找到突破口，制定相应的应对策略，一举在赛场上击破对方的配合。随着篮球运动发展的深入，篮球技术、战术水平的提高，篮球比赛呈现出节奏越来越快的特点，篮球技术、篮球战术、双方队伍的攻守形式的变换速度都突出一个“快”字。篮球运动的转换性特点对篮球运动员提出了更高水平的要求，也使篮球比赛进入一个更加激烈的发展时期。

（四）趣味性和观赏性

篮球比赛是一项颇具趣味性的运动项目。篮球比赛被发明之初之所以受到人们的广泛欢迎，就是因为该运动除了竞技性之外，还是一项非常具有趣味性的运动。而且篮球比赛的优势在于，可以因时因地随时进行简单的调整，既可以满足人们的竞赛需要，也可以满足人们的娱乐、锻炼需要。篮球运动本身在人们的生活中还扮演着“游戏”的角色，人们可以通过篮球运动加强和队友、对手之间的互动，促进彼此之间的情感交流，同时还能认识和结交新的朋友。

NBA赛事的火爆、职业篮球俱乐部和职业球员的增加、篮球运动商业价值和经济价值的增长，无一不显示着篮球运动无法代替的观赏价值。在高水平的篮球比赛中，人们可以观赏到优秀篮球运动员之间智慧和技能的较量，可以欣赏到娴熟的运球、巧妙的传球、准确的投篮、机智的抢断、精彩的扣篮等技术，还可以看到攻守形式的变换，各种战术的轮番上场。一场精彩的篮球比赛给人的体验感不会输于一场精彩的演出，极高的观赏价值也正是篮球运动自问世以来风靡世界至今的重要原因之一。

（五）人文性

随着篮球运动朝着职业化、商业化和观赏化的方向不断发展，篮球运动早就超越了体育运动本身的价值，在社会生活中占据着越来越重要的地位。一方面，人们对篮球运动的发展提出了人文性的要求，要求篮球运动以人为本，关注人类的情感和精神，另一方面，关于篮球运动的竞技故事和人物故事又成为人们口中的谈资，娱乐人们的同时又给人们以警醒。人文性早已经和篮球运动的发展交融在一起，成为篮球精神中必不可少的一部分。

（六）智谋性

随着篮球运动发展的深入、篮球竞技激烈程度的不断提升，智谋性在篮球运动中的重要性越来越突出，智谋、技术、身体素质和协同配合已经成为篮球竞技中必不可少的因素。如何抓住比赛的重要时机、如何突破对方技术和战术的薄弱点、如何在战场上扬长避短发挥自己的优势，这些是比赛场上必不可少的问题，也是必须动用智慧解决的问题，这些问题的存在充分说明了智慧在篮球比赛中的重要性。

（七）职业性和商业性

篮球运动发展的职业性和商业性已经成为定局。自从国际奥委会同意美国NBA的职业球员参加篮球国际大赛之后，职业篮球俱乐部和职业球员的数量就快速上涨，篮球职业化也成为一种新兴的产业趋势。与篮球职业化相对应的是，优秀球队和球星的商业化价值也发生了新的变化，篮球运动的组织体制、竞赛赛制、管理机制也都纷纷呈现出更加浓厚的商业气息，篮球运动员的价值观念也在篮球职业化和和商业化的过程中发生了改变。

篮球运动呈现出来的职业性和商业性特点使得篮球运动具备了更多的经济价值，这一方面能够为篮球运动的发展增加更多动力，另一方面也对篮球运动员的竞技水平提出了更高的要求。

（八）综合性

现代篮球运动已经不再是一项简单的体育锻炼方式，而是一种包含了如生物学、竞技学、人文学、军事学等诸多学科知识的综合性运动。篮球运动的价值除了最原始的强身健体以外，还包含了娱乐、观赏、商业等多种价值。当代篮球运动从内涵和价值无一不体现出综合性的特点，既符合社会的发展规律，又有利于人们在篮球运动中形成独特的意识、气质和品德。

二、篮球运动的价值

（一）篮球运动的社会价值

1. 休闲娱乐作用

篮球运动的休闲娱乐作用一方面体现在运动参与者身上，一方面体现在观赏者身上。从运动参与者来说，可以在篮球比赛激烈的运动中尽情释放自己的身心压力，体验运动的乐趣和激情，使自己得到身体和精神上双重的快乐和放松。从观赏者身上来说，一场精彩的篮球比赛好比一场精彩的演出，赛场上双方的技战术施展、比赛形势的变化，不仅能让观赏者获得视觉、听觉上的享受，刺激的比赛还能带给观赏者精神上的满足。现代篮球运动的休闲娱乐作用已经成为其突出的作用之一，对于丰富人们的精神生活具有重要的意义。

2. 社会交往作用

从个人层面来说，快节奏的现代生活已经极大压缩了人们交往的专门时间，现代人们的社会交往一般依托于其他的社会活动进行，如工作活动、学习活动、运动活动等，自然而然篮球运动也成为人们交往的方式之一。篮球运动的参与者能够在比赛过程中和队友、对手进行交流，加强彼此之间的情感沟通，而观赏篮球运动不仅能够作为一种和朋友进行情感沟通的休闲娱乐手段，共同的爱好和现场愉悦的气氛还有助于人们结识新的朋友。

从国家和社会层面来说，篮球已经成为一项国际性的体育运动，不同语言、不同民族、不同肤色的人们可以通过“篮球语言”进行交流。国际篮球赛事的举办，对于加强国家之间的交流、改善国家之间的关系，也有着非常重要的作用。

3. 促进经济发展的作用

在国际篮球运动职业化和商业化发展的大趋势下，我国也推动了篮球运动的市场化发展，并取得了良好的反馈。伴随主客场赛制的实行，篮球运动为商业活动创造出了新的机会，尤其是促进了传媒的发展，篮球项目如今已经成为广告的重要载体之一。此外，和篮球运动相关的产业，如服装业、轻工业（制造篮球相关用具）、电子业等，都在篮球运动的发展之下得到了相应的发展。

另外，篮球运动逐渐走向职业化道路，势必会推动职业篮球俱乐部、职业球员、职业经纪人的出现，促进新产业的兴起，一方面能够创造更多的就业机会，一方面能够为国家经济发展创造新的增长点。

（二）篮球运动的个人价值

1. 提升个人的身体素质

篮球运动作为一项体育锻炼方式，提升人的身体素质是其最基本的价值。人们在参与篮球运动的过程中能够得到体能素质、力量素质、速度素质、耐力素质、反应能力、协调能力等各项身体素质的锻炼，促进各项能力的协调发展，提高人的整体身体素质水平。

2. 促进人体生理机能的发展

（1）篮球运动是一项对力量素质要求较高的运动项目，篮球比赛中的力量对抗以及大量的跑、跳动作能够有效地起到锻炼肌肉的作用。经常参与篮球运动对于增加身体肌肉的含量、提升肌肉的力量、加强肌肉的收缩能力都有着非常重要的帮助。

（2）篮球运动是一项激烈程度比较高的运动项目，运动强度比较大，人们在进行篮球运动的过程中需要消耗的身体能量比较多。经常参加篮球运动能够有效促进人体代谢水平的提高，促进人体各器官功能的增强，使人的身体素质和机体能力得到根本上的改善。

（3）现代篮球运动突出一个“快”字，赛场上的情况瞬息万变，为了应对这种状况，人们在进行篮球运动时必须要高度集中注意力观察赛场情况的变化、快速对变化情况做出判断、娴熟地进行技术和战术的转换、敏捷地完成技术和战术。经常参加篮球运动对于提高人的注意力水平、锻炼人的视觉器官、提升人的神经反应速度都具有重要的帮助。

3. 促进人们的心理发展

（1）培养人们的坚强意志

篮球运动除了要求参与者具备良好的体能、高超的技战术之外，还需要参与者具备顽强拼搏的不服输精神，只有参与者勇于面对强劲的对手，顽强作战，才能体现篮球运动的体育精神。此外，篮球运动作为一项高强度、高对抗性的运动项目，参与者在比赛、训练的过程中难免会遇到受伤的情况，只有克服这些困难，才能不断提升自己的运动技能。

（2）培养人们的团队协作能力

人是集体动物，人在社会生活中遇到的许多事情都需要通过集体协作加以解决，因此团队协作能力是人类必须的能力之一。篮球运动是一项典型的团队运动，团队的协同作战能力和默契程度都是影响比赛结果的重要因素。经常参与篮球运动一方面是能够在运动中和队友建立起协同作战的默契，另一方面可以将在篮球队伍中配合团队作战的经验转移到生活中的其他事情上，使自己掌握团队协作的方式和能力。

（3）创造良好的情绪体验

科学研究发现，人们在运动的过程中身体会分泌出一种叫多巴胺的物质，这种物质能够使人们获得精神上的愉悦体验，因此人们进行篮球运动之后会有一种身心放松、心情愉快的感受。同样，在运动之后人们对事物的评价会变得更加积极，因此篮球运动对于激发人们的积极情绪也有帮助。对于缺乏交流的人来说，篮球运动创造的交流机会能够缓解人们的人际交往压力。人们还可以在篮球运动中认识到自己的价值，获得成就感，从而增强自己的自信心。总之，经常进行篮球运动能够获得更多良好的情绪体验，对于改善心态、促进心理健康具有重要作用。

（4）促进人们智力能力的发展

篮球运动不仅是参与者身体素质上的较量，更是智慧上的较量，运动智力在现代篮球运动中的作用越来越重要。对对手的评估、对赛场环境的判断、对技术和战术的选用，都离不开参与者的智慧。运动员智慧上的发展能够在一定程度上弥补其在身体素质上的不足，一位反应迅速、判断准确、随机应变的运动员在赛场上取胜的概率远远高于一位高身体素质低智力水平的运动员。经常参加篮球运动能够有效锻炼人们的判断能力、谋略能力，提升人们的智力水平。

第四节 篮球运动文化内涵

一、篮球文化概念

篮球文化是指人们在一定的社会环境下对篮球运动的特点和规律产生的理解、认识，并据此做出的社会反映，以及篮球运动的开展对社会产生的直接和间接价值的体现。

图1–1展示了篮球文化的具体构成。

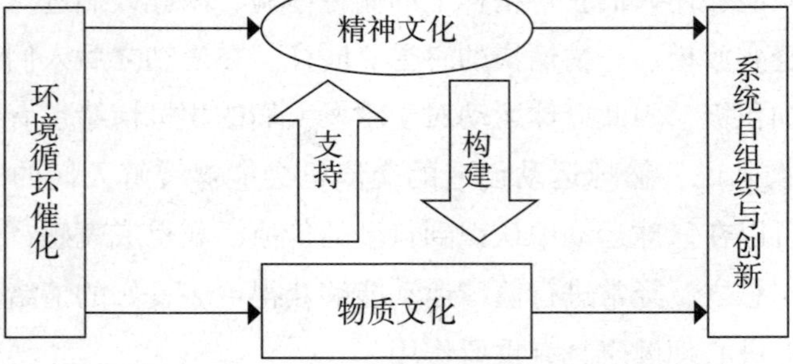

图1-1 篮球运动文化的构成①

二、篮球运动物质文化

（一）篮球运动物质文化的概念

物质文化包含三方面的内容，即现实生产力、消费资料和物质生产过程，其中现实生产力又由劳动者、劳动资料和劳动对象三者共同构成。

① 刘洋，曹国强，周怀球.篮球运动多维发展探析与科学化训练[M].北京：九州出版社，2018.

从物质文化的角度对篮球运动进行解读，篮球即为篮球运动中的“生产资料”，将篮球投进篮框的行为是“劳动对象”，运动过程中使用的场地、服装等是“消费资料”，运动过程中使用的技术、科技等是“物质生产的实际过程”。

篮球运动中的物质是在人的意识的支配之下发生作用的，但是篮球运动的发生离不开物质的作用，物质是篮球运动的基础。对篮球运动的物质文化加以解析，能够使其更好地为篮球的精神文化和制度文化服务。

（二）篮球运动物质文化在“物”上的体现

1. 篮球

篮球运动发明之初，人们关注更多的是该项目新颖的运动形式和规则，并未对运动所用的工具投入更多的注意力。这样的结果就是在接下来很长一段时间之内，并未出现真正的“篮球”，大部分时间人们都使用足球进行“篮球运动”。

1894年之后，终于有人注意到“篮球运动”没有自己专属的运动工具，于是有人制作出了最开始的“篮球”，这种球和足球相似，唯一的差别在于要比足球稍大。1928年，篮球有了新的改变，球身上出现了球囊的设计，人们将露出的球嘴用皮袋子扎住以防漏气。球囊的发明是篮球发展历史上的一次重要改革，从此之后篮球能够成功弹起来了。之后人们又对篮球进行了一系列的改革，最终篮球才变成我们现在所看到的样子。

如今，篮球的制作工艺不断成熟，不仅篮球的包装和外形更加美观，篮球的功能也更加突出。篮球制作技术的提高，对于促进篮球技术，尤其是运球技术的发展起到了一定的作用。

2. 篮框和篮板

篮球运动刚被发明出来的时候，是没有设置篮板的，所谓的篮框也只是一个简陋的“桃篮”。在比赛的过程中，运动员将球射进桃篮，然后比赛暂停，人们爬上梯子将桃篮中的球取出来，比赛再继续进行。这种爬梯取球的方式不仅麻烦，也不利于运动员状态的保持和比赛的顺畅进行，为了改善这种状况，人们在后来的比赛中用有底的网子代替了桃篮。这种网子里面被安上了一条绳子，当球掉进网子的时候，人们只需要拉动绳子球就能被弹出来了。为了比赛能更加顺畅地进行，人们将网子的底部去掉，在网子上面安上篮框，并将篮框钉在篮板上，值得一提的是，在此之前都是不存在篮板的。

篮板也经历了一个漫长的发展过程，最开始的挡板是用铁丝做成的网状，后来人们又将其变成木头挡板，最后人们才发明出了我们现在所见的透明玻璃篮板。

篮框和篮板的发明和改进是人类智慧的体现，对于提高比赛的效率、保证比赛的顺畅具有重要的作用。

（三）篮球运动竞赛的“包装”

1.“包装”的含义

包装原本的意思是“盛装和保护产品的容器”，但是随着社会的发展，“包装“两字具有了更加丰富的内涵和意义，现在的“包装”可以解释为文化的一种表现形式。在体育产业中，包装往往是对无形资产促销的一种方式，即通过对无形资产进行包装，以提高无形资产的经济价值。

2.篮球运动竞赛中的包装及其手段

篮球运动竞赛中的包装指的是为了推销和渲染篮球比赛而进行的各种活动和手段。对篮球比赛进行包装是一件非常常见的事情，主办方往往会在篮球比赛开始之前进行大量的宣传，营造热烈的比赛气氛，以达到吸引观众的目的。其中，联赛包装、球队包装和队员包装是篮球运动竞赛包装中的重要内容。

一般来说，篮球运动竞赛的主办方会利用下列几种手段对竞赛活动进行包装宣传。

（1）为竞赛活动举办比较隆重的开幕式和闭幕式，为竞赛活动造势。

（2）邀请著名人士参加竞赛相关活动，篮球比赛中可以邀请著名的篮球运动员、篮球明星等。

（3）举办各种表演活动，如唱歌、跳舞等文艺演出。

（4）加大活动宣传，可以将双方队伍的比赛亮点、双方队伍中的某名队员作为宣传的重点话题。

（5）对比赛现场进行比较华丽的装饰，吸引人们的目光。

（6）对比赛的球衣进行包装。

（7）中场休息时安排猜奖、抽奖、投篮比赛等互动活动。

（8）比赛中将啦啦队表演穿插其中。

（9）制造比赛悬念。

三、篮球运动精神文化

（一）篮球运动精神文化的概念

精神文化指的是人们在劳动创造中所形成的思想惯性和价值取向的总合。而篮球精神文化指的是与篮球物质实体相对应而客观存在的，以篮球竞技比赛、篮球体育组织及体育媒介宣传为依托的，有突出教育性、激励性、辅助性、稳固性、领先性的各种篮球思想与观念的总和。

（二）人文篮球

1. 人文篮球的特点

人文篮球是指在“以人文本”的理念的基础上，通过篮球的教学、训练、竞赛等手段，将竞技与教育有机结合起来，从而达到对运动员的人生教育的目的。人文篮球具有以下几个方面的特点。

（1）贯彻“以人为本”的理念，重视人本身，关注人性和人格。

（2）关注人的情感，注重对人的情感教育。

（3）将人文教学融入体育锻炼之中，注重人的全面发展。

（4）具有奠定人生价值基础的人文精神。

2. 人文篮球的功能

（1）创新功能

篮球运动本身就具有创新性，篮球运动中使用的工具、场地、篮球比赛规则的变化、篮球技战术的发展无一不是篮球创新性的体现，创新是篮球运动至今仍然保持着强大的生命力的保障。篮球的动作、技术和战术具有一定的固定性，但是不同的人结合自身的特点发挥出来的效果却有所不同，篮球运动中的一些经典的技术和战术都是出自于一些运动员之手，这些又体现出了人文篮球的创新功能。

（2）完全思维功能

形象思维和逻辑思维是人们思维的两个方面，分别由人的左、右脑主导，对人的发展起到不同的作用。篮球运动是一项需要同时动用人们的形象思维和逻辑思维的运动项目，人们能够在运动训练的过程中促进自身完全思维能力的发展。

（三）篮球运动精神文化中的谋略思想

1.篮球文化中的谋略概述

篮球文化中的谋略是指教练员和运动员为了战胜对手而采用各种技、战术以及建立作战模式的过程。谋略在对战中起着非常重要的作用，在其他条件基本相同的情况下，谋略能够决定一场对战的成败。一般来说，教练是篮球运动过程中最主要的谋略使用者，整个队伍的技术、战术风格都需要教练在分析实际条件的情况下运用谋略进行策划。

2.篮球竞赛谋略的方式

（1）“知”

“知”是“知识”的意思，在篮球运动中利用“知”进行谋略，就是要求教练员和运动员加深对篮球专业知识的了解，在知识积累的基础上进行谋略和策划。知识是一切创造思维的基础，而谋略正是一个进行思维创新的过程，教练员和运动员必须充分肯定知识学习在现代篮球运动中的重要作用，坚持进行学习。

（2）“智”

“智”指的是“智慧”，即人们进行辨析判断、发明创造的能力。智慧的形成需要两个方面，一是人脑的生理功能，二是知识的积累，其中知识的积累是对智慧影响最大的因素，也是人们能够把握的因素。但是我们必须要认清智慧和知识积累的关系，知识积累是一个基础的输入过程，而智慧的发挥则是一个高级的输出过程，难度也更大。

现代篮球运动中，智慧在比赛中的作用越来越突出，运动员的体能、技术和战术是进行竞赛的基础条件，但是想要成为一名更加优秀的篮球运动员，必须要具备一定的运动智能。拥有更高运动智能的运动员，能够在运动训练中快速准确理解教练的意思，有更高的学习和训练效率，而且能够在精准把握篮球运动规律的基础上，创造性地进行技术和战术上的创新。运动智慧对于运动员进行自我心理调节也有重要帮助，拥有更高运动智能的运动员不仅能够在平时的训练过程中及时调整自己的心态，使自己保持良好的训练状态，还能控制自己的赛场心态，有利于其正常发挥甚至超常发挥。

（3）“见”

“见”是“见识”的意思，是指人们将自己接受到的信息进行处理之后的认知结果。见识是在知识和智慧的基础上建立起来的，能够帮助人们更好地应对问题和处理问题。信息是形成见识的必备条件，但是仅仅从外界接收到信息是远远不够的，最关键是要进行信息处理。利用见识进行谋略的整个过程大致为审时度势—量化分析—推理判断—比较权衡—寻优判断。

四、篮球运动制度文化

（一）篮球运动规则的出现和修改

篮球运动于1981年在美国被发明出来，创始人史密斯博士同时规定了这项运动的规则，但是这时候的篮球运动还不够正规、传播规模也很小，因此还不足以构成文化，但是从其规则的演变中我们已经可以窥见其精神和内涵。

1. 篮球运动的初始规则

（1）将球作为运动工具。

（2）不能持球跑。

（3）队员之间不能进行激烈的身体接触，不能做粗鲁的动作。

（4）球篮要安装在水平位置的高处。

（5）两个队伍可以在赛场上占据任何位置。

2. 篮球运动规则修改的原则

篮球运动规则在篮球运动漫长的发展过程中经历了无数次的修改，但是这些修改并不是无依据的，篮球运动规则的修改必须按照一定的原则，这些原则的具体内容如下。

（1）确保比赛的合理性和公平性，篮球运动的参与人群具有多样性的特点，避免运动规则给某些人群增加优势或者劣势。

（2）有利于促进篮球运动的发展。

（3）限制身高在篮球运动中的优势，促进篮球技术的多样化发展。

（4）必须要限制不符合体育道德的行为，对这些行为做出明确的描述和规定。

（5）注重对运动员的内在精神的培养，比如勇敢精神、顽强精神、团结精神等。

（6）丰富并充实篮球规则的内容，保证篮球运动规则的严谨性和科学性。

（二）篮球的竞赛体制

篮球常见的竞赛体制有赛会制和赛季制两种，下面我们对这两项竞赛体质进行具体阐述。

1. 赛会制

赛会制指的是将所有的比赛队伍都集中到一个非参赛方的中立地方或者其他合适的地方，然后规定这些队伍在一定的时间内进行比赛，最后决出排名的比赛形式。

我们常见的篮球赛事中使用赛会制进行比赛的主要有：世界篮球锦标赛、奥运会篮球比赛、亚运会篮球比赛、全运会篮球比赛等。

2. 赛季制

赛季制的特点是整个比赛持续的时间比较长，一般在几个月左右，赛季制的比赛场地分为主场和客场，各队伍要根据分配与其他队伍进行1～3场的比赛，最后按照比赛的总成绩对队伍进行排名。

比较常见的采用赛季制的篮球赛事有美国的NBA篮球比赛和中国的CBA篮球比赛。

第二章

高校篮球教学的学科基础理论体系

高校的篮球教学建立在多学科理论系统的基础之上。它们包括运动生理学、运动心理学、教育学、哲学和社会学五大体系。运动生理学是篮球教学的根本，是从人体的生理构造、能量转换以及人体运动能力增长规律等，给篮球教学提供生理学支持；运动心理学是从运动动机、情绪、认知的角度，阐述心理因素对篮球运动的影响和作用；教育学则从宏观上对高校篮球教学与社会发展趋势的关系做出分析；哲学是从更高层面分析了不同的哲学理念衍生出不同的教育观，以及不同的教育观念在高校篮球教学实践中的现实影响；社会学基础体现了高校教学也是社会体系的一部分，也遵循着社会学理论的辩证关系。本章将具体分析以上几大学科的理论基础对高校篮球教学有哪些指导意义和实践应用。

第一节 运动生理学基础

运动生理学是研究人体在运动过程中产生的各种功能活动、发展变化及其原因的科学。在运动实践中，可以用来指导从事体育运动的运动员或者学生掌握科学的运动观和实践能力，保证运动训练更为科学有效。在高校的篮球教学中主要涉及运动生理学中的能量代谢、呼吸与运动、肌肉活动、训练原则以及运动疲劳与恢复等几方面内容。

一、能量代谢

新陈代谢是生命的基本特征，其中包含物质代谢和能量代谢两方面。物质代谢是指机体持续不断地从外界环境中汲取各种营养物质，来为机体的更新和维持生命活动提供必需的物质成分，通过代谢将能源物质贮存于体内，同时机体将原有的组成成分不断分解并将代谢物排除体外，在过程中会不断地消耗能源物质并释放能量为机体所利用。

（一）能量的来源与消耗

人体的能量来源于食物，食物经过人体内的消化、代谢和吸收，将能量以化学能的方式贮存在糖、脂肪和蛋白质中。而人体的能源消耗主要有三部分，它们是维持机体生理功能的基础代谢、食物的生热效应和运动生热效应。一般情况下，机体主要由糖和脂肪供能，蛋白质几乎不参与供能。机体的能量消耗主要体现在比如肌肉活动、情绪、食物的热效应以及环境温度等，但是其中以肌肉活动的代谢最明显，运动强度越大代谢率越高。

可以想象对于篮球这种高强度运动，一场训练或者比赛的能量消耗是十分惊人的。

（二）能量系统

人体有三个基本的能量系统，它们分别是磷酸原系统、糖酵解系统和有氧氧化系统。

1. 磷酸原系统

磷酸原系统是指由三磷酸腺苷（ATP）和磷酸肌酸构成的能量系统。它的特点是反应迅速、供能速度极快，但是容量低，持续时间短，无需氧不产生乳酸。因此磷酸原系统是一切高功率、短时运动的供能系统。例如篮球运动中的跳跃、投掷等。

2. 糖酵解系统

如果运动强度很大且持续时间超过10秒以上，磷酸原系统已经不能满足机体的能量需要，此时需要糖酵解提供能量来合成三磷酸腺苷。糖酵解系统的供能特点是供能量比磷酸原系统多，输出功率略低，持续时间略长，无需氧但产生乳酸，因此也被称为乳酸能系统（LA）。即在供养不足时该系统仍然可以快速提供能量以应急需。在篮球运动中加速、冲刺等所需的能量，都是由磷酸原系统和糖酵解系统提供。进行专门的无氧训练可以一定程度地提高糖酵解系统的供能能力。

乳酸在血液中可以被缓冲物质缓冲，但是如果乳酸产生的量超过机体的缓冲能力，就会限制糖酵解，从而导致疲劳感。

3. 有氧氧化系统

有氧氧化系统是三个能量系统中最复杂的供能体系，是指糖、脂肪和蛋白质在细胞里氧化成水和二氧化碳之后，再合成三磷酸腺苷的能量系统。有氧氧化系统的能量输出是逐步进行的，因此功率较低，大约仅为糖酵解系统的50%。但是供能时间可以持续很久。

总体来说，三个能量系统之间在工作中并没有明显的界限，其运作是依据肌肉活动过程中对能量的需求状态而相互配合和补充，形成一个连续的统一体，保证能量供给的灵活性和持续性，运动生理学将之称为能量连续统一体。

（三）能量代谢在实践中的应用

人体的供能能力决定着人体的运动能力，因此在体育教学和训练中，应该结合能量连续统一体理论进行实践，做到科学训练。

1. 重点发展主要作用的供能系统

根据能量连续统一体理论，篮球项目的主要供能系统是磷酸原系统和糖酵解系统，占比在85%左右。因此可重点发展锻炼这两个能量系统。下表是各种运动项目与相应的供能系统。

表2-1 几种常见运动项目的主要能量供应系统①

运动项目	各个能量系统所占比例		
	ATP & LA	LA & 有氧系统	有氧系统
篮球	85	15	/
足球	90	10	/
体操	90	10	/
排球	90	10	/
网球	70	20	10
划船	20	30	50
马拉松	/	5	95

2. 制定相应的训练计划

确定了篮球运动员应重点发展的供能系统之后，可以制定和选择最有效的训练方法和手段。对于篮球来说，增强磷酸原系统和糖酵解系统的训练方法包括以下几种。

（1）加速快速跑。在40～100米中逐渐加速至全速跑。

（2）穴形快速跑。在两次疾跑之间加一段慢跑或者走路。

（3）快速跑。全速跑，并重复进行。每次疾跑之后要等身体完全恢复再进行第二次快速跑。

① 王步标，华明.运动生理学（第二版）[M].北京：高等教育出版社，2011.

二、呼吸与运动

人体的新陈代谢过程伴随着呼吸过程，即机体从外界摄取氧气，呼出二氧化碳。这种人体与环境之间的气体交换称为呼吸。呼吸与运动能力息息相关。

（一）肺通气

肺通气是指肺脏与环境进行气体交换的过程，而呼吸肌是实现肺通气的原动力。呼吸肌通过收缩和舒张促使胸廓产生节律性地扩大和缩小，肺脏和胸廓在外力下如果容易扩张代表顺应性大，否则代表顺应性小。一般而言，运动员的肺脏和胸廓的顺应性要大于普通人。人体在进行剧烈运动时，肌肉组织代谢增强则耗氧量也随时增加，血氧饱和度降到极低，这将非常有助于运动员在剧烈运动时增加氧气的供应。

（二）呼吸对运动的反应

人体在运动过程中，各个组织器官的代谢过程中肺通气量增大。一般认为，肺通气量的快速增长期和快递下降期是经由神经调节的，如果机体参与的是最大强度的运动，肺通气量的增加不会出现稳定状态，而是增加至衰竭为止。机体在运动过程中，随着二氧化碳的不断累积，机体的局部温度逐步升高，这使得氧合血红蛋白解离加强，肌肉对氧的利用率则提高为平时的三倍左右。

（三）呼吸对训练的适应

长期进行体育锻炼的人可以增进呼吸系统的功能，提高最大通气量以及组织换气的效率。经研究发现，经常进行体育训练的人肺容积的各成分都比不经常训练的人要大很多，而这直接决定着肺通气量的大小。

长期进行运动和训练，可以增加呼吸肌的力量，吸气和呼气的能力都会得到提高，因此运动员的肺活量就比一般人高，能承受的最大负荷也比一般人高。也就是说，掌握了呼吸的生理知识，可以帮助学生有意识地加强训练，提高呼吸效率，逐渐提高完成高强度运动的能力。

三、肌肉活动

人体的肌肉分为骨骼肌、平滑肌和心肌三类。心肌掌管着心脏的泵血活动。平滑肌主要掌管其余各内脏器官的活动。人体的骨骼肌有数百块，通过收缩和舒张产生力量和长度的变化，实现人体各种运动活动。我们这里所指的肌肉主要是指骨骼肌。

（一）肌肉类型与运动能力

肌肉像其他器官一样由几种不同的组织组成，其中最主要的是肌纤维，肌纤维占肌肉的90%以上，肌肉的收缩功能，主要通过肌纤维来实现。

肌纤维按照收缩速度分为慢肌纤维和快肌纤维。快肌纤维又分三个亚类：快a、快b和快c纤维。一般而言，人类肌肉主要由一种慢肌纤维和两种快肌纤维组成。在运动中，肌纤维是以运动单位为基本单位被募集而参加运动的，这种募集是机体选择的结果。以当前的研究，能部分解释募集机制的运作原则为：慢运动单位先被募集，随着运动力量的增加，快运动单位被募集。也就是说，在任何特定的时间里，肌纤维都只有一部分被募集，这是肌纤维的工作机制，同时也是机体的一种自我保护机制，以防止肌腱和肌肉损伤。这些知识可以帮助学生在训练中有意识地激活那些不容易被募集的肌纤维，增强运动能力和耐力。

（二）肌肉力量与运动能力

肌肉力量是肌肉收缩对抗阻力并完成动作的能力，它是实现各种运动和提高运动技能的基础，肌肉力量影响着速度、协调性和灵敏性。无论哪一类专项运动，都需要肌肉的力量训练。

1. 肌肉力量的分类

按照肌肉力量的表现形式，可分为最大肌肉力量、爆发力和力量耐力。最大肌肉力量是指肌肉收缩能克服的最大阻力；爆发力是指肌肉快速发力的能力，即力和发力速度的乘积；耐力是肌肉长时间持续对抗阻力的能力。

2. 力量训练的方法

一般运动项目通常保持每周4～6次的力量训练。在做力量训练时，可通过控制重复次数和最大负荷百分比两个参数，来分别侧重发展肌肉力量、爆发力、耐力和增肌等不同的训练目的。不同的训练目的选择不同的组数，一般一次力量训练选择3～6组练习即可。

3. 力量训练的注意事项

（1）训练准备和放松活动与正式训练同样重要。在正式训练之前和结束之后，要进行10分钟左右的拉伸和放松活动。很多运动损伤都是因为运动前没有充分热身造成的。

（2）要均衡训练，即每次都要做对称的和相应的力量练习。比如，想要提高大腿力量，也要充分训练股后肌群，否则容易造成损伤。

（3）训练要规律进行，包括规律的饮食和作息。另外，在休息日也应该做一定的投篮练习，基本功不能间断。

四、运动生理学理论指导下的训练原则

运用运动生理学的基本理论和知识，对运动训练给出具有实践意义的训练原则，对高校的篮球教学非常重要。

（一）渐增超负荷原则

在训练中，为了提高学生的运动能力，应该进行一定量的超负荷训练，该超负荷是大于平时负荷或者大于之前训练中已经适应的负荷，以求给机体带来较新的刺激，通过训练适应新的负荷从而达到提高能力的目的。需要注意的是，超负荷原则是建立在人体生理依据基础之上的，负荷不应过大超出机体承受范围，否则会造成运动损伤。

（二）专门性原则

不同的运动项目对身体有不同的要求，因此需要采取专门性原则，即练习的方法、强度、频率等都与训练目标相一致。训练方案只有聚焦于专项运动的生理要求，才能使训练最有效。

（三）可逆性原则

可逆性原则是指人体的运动能力和器官组织功能可以通过训练得到提高，也会因为训练终止而下降甚至退化。运动训练的生理学本质是一个积极动态的变化过程。训练中对人体产生的条件刺激如果不加强的话，条件发射就会下降。也就是说，为了保持一些运动能力必须经常进行训练，而且在训练方案中必须包含维持理想运动效果的训练内容。

（四）区别对待原则

区别对待原则是指应该根据学生的个体条件制定训练方案，比如性别、年龄、遗传、初始水平等这些差异应该被充分地考虑到。比如训练手段、强度、频率、时间等要素，以及不同训练阶段和训练目标、运动员的动态生理变化等因素，都应该作为区别制定训练方案的重要参考条件。

（五）周期安排原则

人体运动能力的提高具有周期性特征。训练和灰度都应该遵循身体的周期性节奏。并且，积极地恢复周期应该得到足够的重视。积极恢复是指必须消除人体心理方面和生理方面的疲劳之后，学生才能再次承受新的刺激要求而进行提高。另外，还要考虑到每个人都有自己的生物性周期节律，因此，训练计划应该具有一定的灵活性和调节空间，在不影响主要原则的情况下，可以尊重个体差异，进行一定的调试。同时，训练应按周期性安排，依次包括大周期、中周期和小周期。每个周期有明确的目标，并且每个周期都有评估和反馈。

五、运动疲劳与恢复

“没有疲劳的训练是没有效果的，没有恢复的训练是危险的。”这是竞技体育界的共识。可见，运动疲劳与恢复是运动训练的重要组成部分，采取合理的措施和手段应对是高校体育教学中的重要一环。

（一）运动疲劳

1. 运动疲劳的概念

我们把由于运动而引起的运动能力和身体功能的暂时下降，称为运动疲劳。这种运动能力的下降经过适当的休息是可以恢复的，它是人体正常的生理现象。高校篮球教学中，掌握运动疲劳的生理学知识，可以帮助学生在运动中延缓疲劳的出现。在产生运动疲劳之后，也可以科学地加快机体恢复过程，提高人体功能能力。

2. 运动疲劳产生的原因

运动性疲劳是一个非常复杂的问题。比如，在不同的时间段进行同样强度的运动，疲劳产生的原因会有所不同；不同代谢类型的运动所产生的运动疲劳也不同。

（1）无氧训练

同样的无氧练习，因为训练强度不同，导致的运动疲劳原因各不相同。

①极限强度的无氧训练导致的运动性疲劳，主要是以中枢神经和神经肌肉功能的下降引起，另外与三磷酸腺苷的转换速率下降也有一定关系。

②接近极限强度的无氧训练导致的运动疲劳，除上述原因外，肌肉中和血液中的乳酸积累过高也是原因之一。

（2）有氧训练

在极限和接近极限的有氧训练之后产生的运动性疲劳，主要是受输氧系统能力所限，致使工作肌肉供养不足。在做亚极量有氧强度训练时，疲劳的主要原因是肌糖原和肝糖原的大量消耗以及体温增高。

（3）其他练习

对于非周期练习和混合性练习，运动性疲劳主要是因为技术动作不断变化引起。相对而言，越是习惯性动作、自动化动作和节律性强的动作，越不容易引起疲劳。越是需要精神高度集中、多变的技术动作，越容易产生疲劳。

（二）运动恢复

1. 人体恢复的一般规律

人体经运动疲劳之后的恢复，一般分为三个阶段。

（1）运动中随着能源物质的逐步减少，人体的系统功能逐渐下降。

（2）运动停止后，能源物质和器官功能逐步恢复到原来的水平。

（3）运动后一段时间之内，运动中消耗的能源物质会恢复至超过运动前的水平，这种现象称为“超量恢复”，超量恢复有一个时间限定，保持一段时间后，会再次回到原来的水平。训练过程负荷越强，超量恢复越明显，但注意负荷不应超过生理可承受的范围。

2. 促进人体恢复的措施

（1）活动性手段

活动性手段是指在人体产生运动疲劳之后做放松活动，或者更换运动训练，即积极性休息。

比如，通过变换其他部位进行练习可以促进乳酸代谢，从而达到积极恢复的目的。另外，运动后积极地做整理活动也是快速恢复的有效手段，原则上，整理活动和准备活动内容相近，顺序相反。

（2）补充营养

运动恢复主要是机体能量的恢复，而营养物质是能量储备的基础。运动后的营养补充要做到科学合理。

大多数运动项目的营养膳食都严格控制蛋白质、糖和脂肪的比例。糖是体内最重要的能源物质，特别是运动中糖的补充可以一定程度地提高运动能力。比如篮球运动，在一场激烈的比赛中，在运动前、运动中和运动后都应该酌量补充糖分。

另外，由于维生素是参加机体代谢的重要营养物质，同时由于运动中人体大量地排汗会流失很多钙、镁、钾、铁等矿物质，因此，在运动中应该及时补充水分和含电解质的饮料。

（3）药物辅助

为了促进机体快递恢复、提高免疫力和改善代谢效率，在积极恢复中会适当地补充一些中药或化学制药。中药如红景天、生地、当归、酸枣仁和人参等。化学药物包括可提高代谢作用的葡萄糖酸钙、三磷酸腺苷和次黄嘌呤核苷。

（4）睡眠

睡眠本身是人体自身具有的最宝贵的恢复能力。因此运动和训练后，应该保证充足的、有质量的睡眠。

（5）物理手段

在大强度的训练和比赛之后，按摩、吸氧、负离子和针灸等都是比较常用的物理恢复手段。

第二节　运动心理学基础

美国篮球名人纪念堂成员鲍勃·奈特说过："越想赢得比赛，心理准备越重要。"篮球比赛不仅仅是身体的对抗，同时也是心理的较量。而对于教学而言，众所周知教育与心理学密切相关，课程设置要考虑的因素之一就是学生心理发展水平、认知能力和情绪管理能力。近年，体育教学体系的建立较多地涉及运动心理学、认知心理学、动力心理学、群里心理研究等。

一、运动心理学的应用

伴随着体育运动，心理活动从未停止，心理现象无处不在。在绝大部分行为的背后，都有心理动因以及各种心理现象。人的行动与心理是互相依存、互相影响的。因此，通过把握人们在体育运动时心理活动的规律，可以有效地对运动行为进行调节，从而增加运动表现，提高运动成绩。良好的运动表现又会带来良好的心理感受、激发积极正面的心理活动，进入良性循环。对于高校的体育教学而言，通过掌握运动心理学的相关知识，可以促进青年学生的全面发展，完善人格修养，培养健康的行为和生活模式。

（一）运动心理学的概念

运动心理学是专门研究在体育运动中个体的心理活动的特点和规律的心

理学学科，作为心理学的分支学科，运动心理学是体育教学中心理学理论依据的基础。美国学者考克斯（Cox，2007）对运动心理学给出一个更为简明有力的定义，他认为运动心理学是研究心理和情绪因素对运动和锻炼表现的影响，并研究参加运动与锻炼所产生的心理和情绪效益。

（二）运动心理学的任务

（1）运动心理学主要研究个体在从事体育运动时，其心理过程的特点和规律，以及个性差异与体育运动的关系。比如射击运动员都是内向性格吗？比赛时和训练时的用力感觉是一样的吗？

（2）运动心理学还研究体育活动对人的心理过程、个性特点会产生短期和长期的哪些影响。比如，长期的运动训练会改变运动员的性格特点吗？长期进行体育锻炼对人的记忆力有积极影响吗？

（3）运动心理学研究掌握运动知识、形成运动技能以及进行技能训练的心理学规律。比如，什么样的练习方法可以让运动员更快地掌握一项运动技能？

（4）运动心理学还研究在比赛过程中运动员的心理状态。比如，在比赛时运动员关注的点是和自己平时的水平相比还是和对手的水平相比，哪个更能稳定情绪？在比赛中达到怎样的兴奋水平更有助于带来最佳状态？如何区分运动员的生理疲劳和心理疲劳？在比赛的关键时刻，运动员进行判断和决策的依据是什么？

（三）运动心理学的发展概述

1. 国际运动心理学发展回顾

1897年，美国印第安纳大学的诺曼·特里普里特（Norman Triplett，1861—1931）在《美国心理学杂志》发表了一篇论文，被认为是出现最早的对于运动心理学的研究。诺曼通过实验发现，当有人在场观看时，自行车运动员要比单独骑行时成绩更好。

“美国运动心理学之父”科尔曼·罗伯茨·格里菲斯（Coleman Roberts Griffith，1893—1966），1923年在美国伊利诺伊大学开设了世界上第一门运动心理学课程。两年后，他建立了世界上第一个运动心理学实验室，主要研究运动技能学习、运动技能操作和体育运动中的个性问题。

与此同时，20世纪的20、30年代，运动心理学在苏联也开始发展。苏联中央体育学院的心理学教研组和列宁格勒体育学院心理学教研组共同研究了训练过程中技能形成的特点，以及体育运动对发展记忆、注意、知觉和想象的影响，还有体育对个性和智力的影响的研究。

在德国，波斯在1927年出版了《运动心理学》，舒尔清于1929年出版了《体育心理学》，以及梅格尔曼出版了《体操和运动员的人格类型》。这些都对运动心理学的发展起到重要作用。

至20世纪40年代，许多运动技能学习实验室的相继建立，让科学家对运动行为的研究更为系统和科学。

2. 中国运动心理学发展回顾

中国古代的思想著作里，如《庄子》《礼记》《吕氏春秋》等都曾不同程度地闪现出史前对运动与心理的发现。

1926年，我国的体育教育家马约翰撰写了名为《体育的迁移价值》的论文，被认为是中国现代运动心理学的代表。1942年，全国武术和体育研究院的吴文忠、肖忠国编译了我国第一部《体育心理学》。

1979年，中国心理学会体育运动心理专业委员会成立。运动员心理测量是心理选材和心理训练的第一步，而运动员的选材又是训练的起点。

2000年之后，优秀运动员的心理训练也逐步得到深入发展。其中涉及的主要问题有动机、自信、情绪、注意和人际关系等。还有，为了对运动员做赛前的心理准备和赛中的心理调节，经常采用的方法有认知调节、生理调节和环境调节等。实践证明，这些方式方法都对运动员起到积极作用。

（四）运动心理学的应用

体育教育是整个教育系统中的重要组成，比如高校的篮球教学，它既关系到青年学生的专业技能训练，激发学生的运动兴趣，又与提高自尊心和自信心、调节情绪状态、培养合作精神和竞争意识有关。教练员应该科学选择教学内容，在制定教学计划和设计教学方案时，要充分参考动机、个性、情绪和认知等心理因素对运动表现的影响。

二、认知心理学的应用

认知心理学研究的是人类高级的心理活动，包括认知过程、注意、知觉、记忆、思维和言语等。也就是说认知心理学主要研究的是不能直接观察到的人类的内部机制和过程。

（一）个体的认知发展历程

现代认知理论认为，知觉是确定人们接受刺激之后，依赖来自自身和外界的信息，形成知识。人的认知活动是认知要素相互发生作用的一系列活动的整体。在不同年龄，认知也不尽相同，他们大体分为四个阶段：0～2岁为感知运动阶段，通过吮吸、抚摸等实现认知活动。认知是通过感官的即刻经验获得的；2～7岁称为前运演阶段，是通过身体的运动和知觉经验完成认知活动；7～11岁称为具体运演阶段，个体依据具体的形象进行思考，但这一阶段还不能完全脱离具体经验；11～15岁为形式运演阶段，个体的认知活动可以不局限于具体的经验，而可以通过逻辑和规则进行思考，也就是具有了抽象思维。对于篮球教学而言，大学生此时具有了进行复杂的抽象思维的能力。在教学中可以将理论与实践相结合，既能促进学生思维能力得到提升，又有助于从理论的高度提高篮球技能。

（二）认知与情绪

情绪对认知的影响类似于调节和中介的作用。情绪可分为积极情绪和消极情绪，认知心理学的研究结果显示，积极情绪提高注意灵活性，消极情绪则减损了灵活性。特别是篮球运动，情绪是影响篮球运动员决策的重要因素。在积极情绪作用下，运动员进行决策的速度较快，正确率也较高。而当运动员处于消极情绪时，决策速度相对较慢，正确率也有所下降。关于情绪、认知和行为决策，目前存在两种观点。一种观点认为情绪和认知相互作用共同影响决策行为。另一种认为在情绪、认知和行为之间，情绪的作用为内隐性质，它可以直接影响行为。

总体而言，很多研究结果都支持积极情绪对注意力、对行为决策具有正向影响。由此可知，高校在篮球教学中应对学员的情绪引向积极和正向。同时，由于竞技运动不可避免地会产生消极情绪，教练员和学员都要学会管理情绪，减少因情绪对运动表现带来负面影响。

三、动力心理学的应用

动力心理学一般是指伍德沃思的心理学，他是广义的机能心理学家，研究个体的行为驱动力。他在1896年提出要发展一种“动机学”，于1918年出版了《动力心理学》一书，对动力学做出阐述。他提出机制和驱动力两个概念，试图解释人的一切行为活动。它认为机制是驱动力得以实现的外部条件，驱动力则是机制的内部条件，二者可以相互转化。

（一）动机的概念

动机是指推动个体进行活动的心理动因和内部动力，它能引起并维持个体的活动并且指向一定的目标。运动动机是推动运动员参与体育运动的内部动力。

（二）动机分类

1. 生物性动机和社会性动机

生物性动机是指以有机体自身的生物学需要，如饥饿、睡眠等生理需求而产生的动机。社会性动机是指以个体的社会性需要为基础，如情感、成就、尊重等需要而产生的动机。

2. 内部动机和外部动机

根据心理动因，动机可分为内部动机和外部动机。内部动机是指来自个体内部需要的内部动机，如归属感、自我实现等心理需要；外部动机是指来自外部环境的刺激和诱发，例如奖金、名誉等。

相对而言，内部动机的推动力大于外部动机，持续时间也更长。但以内部动机主导的运动员缺少强烈的成为冠军的雄心。他们更享受运动过程中获得的自我提升和掌控感。而外部动机对运动员的推动力较小，维持的时间也较短，但是以外部动机主导的运动员有更强的目标感，当达不到预期的目标时也更容易泄气。

因此在教学中，应该同时培养学生的内部动机和外部动机，这样才能具有强韧的毅力、积极的态度和夺冠的勃勃志气。

3. 直接动机和间接动机

直接动机是指以兴趣爱好为出发点，更多地指向活动过程的动机。比如学生对篮球运动的热爱，享受在篮球运动中发挥自身潜能的愉悦感。间接动机以间接兴趣为基础，更多地指向活动结果。比如学员为了掌握某个高难度动作，可以不厌其烦地对重复训练甘之如饴。

整体而言，直接动机对行为有更强的推动力，但是当任务难度过大时，直接动机则表现出它的局限性，需要间接动机来强化任务的意义与目的，从而提升推动力。

（三）动机的培养与激发

结合运动动机相关理论，在高校的篮球教学中可以从以下几方面培养和激发学生的运动动机。

1. 满足乐趣的需求

篮球运动的激情与成就感是很多学员选择篮球运动的最直接原因。因此，教练应该培养和保护学生的这种兴趣，让学生产生更加强烈的内部动机。可以通过不断地变换训练方式避免让训练枯燥乏味，同时给予学生积极的肯定和鼓励等。

2. 胜任感的需求

胜任感是体育运动中普遍而强烈的需求，是每个运动员都非常重视和悉心呵护的精神财产。作为教练员，应该花精力设计安排训练或者比赛，让每一位运动员都有成功的体验，对自己的技术水平有积极自信的认知。对于自尊心屡屡受到挫败的学生，教练应积极关注，并帮助他们重新设定目标，创造一个经过训练和努力是可以获得成功的环境，获得积极的心理反馈。

3. 归属感的需求

寻求归属感是每个人都有的心理需求。它可以避免孤独和恐惧，获得心理上的依托和安全感。对于高校的篮球运动员，他们渴望成为运动集体的一员，这将极大地满足他们的归属感。作为教练，应该努力增强凝聚力，确保每个球员都能在球队中找到自己独有的位置，感到自己是团队重要的一员，是被团队需要的。同时打造和谐的团队气氛，训练球员之间分享快乐，分担痛苦，互相激励，共同进步等。

4. 自主需求

发展自主性是每个个体成长中的基本需求。对于高校的青年篮球球员更是如此。教练员可以在时机成熟的时候，适当地给予他们自主权，让他们自己掌控训练和学习计划，设定目标和完成效果。有研究表明，否定个人控制自己生活的权利会损伤体能的内部动机，而给予一定的自主权，鼓励个体个人发展，会让他们获得满足感，并为自己的行为负责，愿意肩负起更大更多的责任。

四、群体心理学的应用

篮球运动作为一项重要的团队运动，它涉及群体心理学问题，如凝聚力、信任、团队效能等。团队效能是衡量团队整体水平和发展的重要指标。团队效能不仅是球员的运动技能水平高，也是团队的情绪气氛好积极健康，球员彼此信任，球队具有良好的凝聚力和亲和力等。

（一）团体凝聚力

1. 团体凝聚力的概念

运动团队凝聚力是运动团体成员之间的心理结合力的总体。它是团队成员在目标、情感和行为上的整合的力量。比如，篮球球队的凝聚力能让球队成员为了实现共同的目标，在赛场上团结一心、齐心协力，可以说凝聚力就是战斗力。

2. 团体凝聚力的分类

团体凝聚力分为任务凝聚力和社交凝聚力。

（1）任务凝聚力是指团体成员团结一致，为了同一个目标共同努力的程度。

（2）社交凝聚力是指团体成员之间彼此欣赏、相互认同，愿意成为团队的一员的程度。

3. 团体凝聚力在团队中的作用

（1）凝聚力是团队实现目标的保证。设想一个各行其是、互相拆台的团队，是无法完成预先设定的目标的。

（2）凝聚力是运动水平正常发挥的前提。团队的凝聚力越强代表向心力越强，那么个体的力量能得到更好的整合，使团队的整体水平得到保证，甚至在比赛中会有超水平的发挥。

（3）凝聚力是提高团队工作效率的重要因素。团队的协作需要机体的密切配合和默契协作，而凝聚力有效地避免了内耗，提高了团队工作效率。

（4）凝聚力为团体提供内在动力，增强自信与荣誉感。

（二）篮球运动员的信任关系

1. 信任的分类

篮球运动项目作为一个多名球员协作的集体运动模式，信任问题显得尤为重要。关于团队水平的信任研究一般分为两种，一种是指团队内一个成员对其他成员的信任。对于篮球球队而言，就是球员对教练或者其他球员的能力和善意的预期，或者教练对于球员的能力、善意等的预期和判断。另一种是指团队成员对团队整体的信任，是指球员或者教练对球队组织的信任和支持，相信彼此会做出公正而不会损伤个人的利益。

2. 如何加强球员之间的信任

信任是球队的核心要素，是彼此合作的基础条件。加强球队的信任可从以下几方面着手。

（1）目标要明确。团队是以目标为导向的，对于球队而言，一切工作都是围绕着明确而具体的目标进行的。

（2）组织有保障。球队的组织管理是球队健康发展的前提，是球员安全感的重要来源。只有在公平完善的制度下，球队的每位成员才能感到自己得到尊重和公正地对待。愿意也相信其他成员都会自觉遵守制度，球员之间会自发地产生协作合作意识，促进信任的产生。

（3）沟通要有效。球员之间、教练和球员之间以及教练之间的有效沟通是球队成员之间信任、协作和共同达成目标的必要前提。同时，作为篮球球队，还要重视非语言沟通，在运动场上，有时候非语言沟通会产生不可言传的奇妙效果。

（三）篮球运动的团队效能

1. 团队效能的概念

团队的效能是指由一组相互依赖的个体构成的有边界的系统，是一起完成特定任务的能力的共同信念。

2. 提高团队效能的方法

团队效能是衡量篮球球队发展状态、发展水平和竞技成绩的重要标准。一般可通过以下三个方面提高团队效能。

（1）教练员执教行为与水平，以及技战术能力和素养的提高。

（2）球员之间合作满意度和球队凝聚力的程度的提高。

（3）球队竞技运动成绩的提高。

第三节　教育学基础

教育学是以培养人为主要研究内容的一门社会科学。教育学属于基础学科，其基本原理是教育科学体系中其他学科的基本理论基础，其中包含了高校篮球教学理论的相关研究。

一、教育本质论

教育的本质是培养和选拔人才。“少年强，则国强。”世界各国无论是在经济实力和国防力量上的较量，还是在科学技术和体育发展方面的竞争，本质上都是人才的竞争，人才的竞争本质上又是教育的竞争。

纵观人类教育事业的发展历程，都经历了从简单到复杂的漫长过程，教育理论在不断地深化和完善。教育的漫长曲折历程，在不同的社会发展阶段有着各自的时代特点。纵观整个的教育发展史，大致可分为原始、古代与现代三种形态。无论哪种形态下，人才的数量和质量都决定了当时社会的发展程度。同时，社会发展进程也决定着人才的数量和质量。当代人力资本理论认为，个体具备的综合实力例如知识技能等，本质上是资本的外在表现形态，也是个体未来收入的首要因素。

综上所述，教育与社会生产力、政治经济制度、科学文化之间存在着相辅相成也相互制约的关系。简而言之，教育和其他社会现象之间有着相互依存的密切连续。教育本质论，对教育的功能、教育的性质做出了详细的解释。

对于高校的篮球教学而言，教育方法和技术手段也是沿袭着从简单到复杂的发展规律一路发展至今。对高校的教学活动给出了重要的理论依据和参照价值。篮球教学在教育传承、教育创新以及教育改革方面都与社会发展具有着千丝万缕的关系。

二、教育目的论

教育是具有目的性和意识性的社会活动。教育的目的本质上就是人才培养，以及对人才的质量、数量、规格以及标准等的研究。同时，教育的目的又可分为以社会发展需求和从个体本能需求两种。

以社会发展需求是指仅从社会发展需要出发定位教育目的，过度强调社会价值，忽视个人需求，即教育目的社会本位论。

仅从个体的本能需求出发定位教育目的，过度关注个人实现，忽略社会整体价值需求，即教育目的的个人本位论。

两种理论各有侧重但又均有不足之处，两种目的应该辩证的统一，而不是割裂开分别讨论。只有将两个方面有机地结合起来，寻找到个人与社会的价值最大化才具有现实意义。

在高校的篮球教学活动中，教育目的论具有不可或缺的指导意义。篮球是一项团队协作运动，是集体共同努力作业、齐心协力朝着同一目标奋斗以达到最大效能的过程，个人胜利是建立在团队胜利的基础之上的。但同时篮球又是一项依赖个人能力与天赋的运动，因此在教学过程中必须要考量学生的身心发展状况，确保教学活动的针对性和有效性。

具体主要体现在以下几方面。

（1）教练在设计安排教程教案时，对学生的个体发展因素应给予足够重视，并尊重其身心客观发展规律，保证篮球的技战术教学与学生的身心发展步调相一致，确保学生在不同年龄段能接受到与之相适应的技战术知识的培养和训练。

（2）充分考虑学生的各种差异，总结其中的共同点，发现其中的不同之处，按求同存异原则确保每个学生都能学有所得，让每一个个体都得到充分发展。

（3）对于具体的教学方法和训练手段，要综合考虑学生的多变性与相对不变性，以求做到最大限度地保证教学方法的灵活性，同时又具有针对性，使教学效果达到最佳。

（4）要尊重学生身心发展的个性化和差异性，大学篮球教学的具体实施要具体灵活、因材施教。

第四节　哲学基础

高校篮球教学的宗旨和过程都与哲学具有内在的统一性。比如，在柏拉图的著作中，苏格拉底的所有哲学论述都是通过对话形式与学生进行展示或者传授思想。而这种教育哲学立场对后世的西方哲学以及教育家产生了长久而深远的影响，它表现为重视理念甚于经验，鼓励知识传授以把握其中不变的本质，这样的教育理念影响着今天的教育形式。

一、高校教学中的哲学基础

赫尔巴特作为近现代西方理性主义教学的典范，曾指出，“完美精神生活的核心不能卓有成效地通过经验与交际来培养，而教学一定能深入地渗透到思维中去。”他发现了教学和精神生活紧密相关，并由此极大地提高了教学品质。

以卢梭为代表的另一派教学哲学方向则更推崇自然经验，他反对用理性方法论，更信任自然状态下的学习和成长。杜威对卢梭的教育哲学理念进行了发扬，并做出开创性的实践。杜威认为教学是一种实践性的活动，是对哲学有效性的检验手段。

二、哲学理念与篮球教学

如果从哲学的角度思考，无论哪一种教学理念和观点，从本质上看都可以溯源到某一种哲学理论的支持。篮球教学也不例外，信奉苏格拉底和柏拉图哲学观的教师，会倾向于采取提问、对话的方式传播知识和理念，通过对话刺激学生在意识层面进行思考，在潜意识层面进行更深入的沟通和表达。

而对于认同亚里士多德派的唯实论哲学观点的教师，更强调突出直观性原则，喜欢运用不同方式去刺激学生的感官体验，从而进行教学与引导。

那么对于主要受杜威学派哲学主义影响的教师，更喜欢让学生多参加实践活动，并主张教学应与社会生活紧密联系。

其实，每一种哲学理念都可以指教练员让他们更加睿智和强大，每一种哲学理念都能培育出卓越的篮球运动员，关键的一点是找到最适合自己的哲学理念或教育理念。教练员在确定自己的执教理念时首先要明确的一点是必须从自己出发。正如前美国加州大学洛杉矶分校棕熊队的传奇教练约翰·伍登对于成功的理解，他说，“成功是一种心灵的平静，它来自于你只要尽了最大的努力，你就可以成为最好的自己。”

总之，从哲学的高度入手，高校的篮球教学在理论层面得到了提高。对当前教学中常常出现的教学实践问题、概念问题甚至体系问题都能在相应的哲学理论里面寻求支持与解决。通过实践与发展，高校的篮球教学在发展篮球运动、传承篮球精神、实现教学的传承与创新以及在时代的大背景下更好地参与社会发展与建设成为可能。

第五节　社会学基础

一、社会学与体育社会学

（一）体育社会学的概念

社会学是系统地研究社会行为和人类群体的学科，是从社会哲学演化而来的现代学科。社会学与体育学的结合与渗透，产生了体育社会学。体育社会学是运用社会学的研究视角和方法，研究体育与其它社会现象的关系，体育与人的社会行为、社会观念的关系，以及体育运动的功能、结构、发展动力等。体育社会学是介于体育科学和社会学之间的综合学科，是体育领域的基本学科。对体育运动和教学水平的提高起到了一定的推动作用。

（二）体育社会学对篮球教学的影响

（1）为篮球的教学实践和科学研究提供了唯物辩证的思维方法，为篮球教学向着科学化、现代化的发展推进提供了理论支持。对完善篮球教学的理论体系起着积极的促进作用。

（2）在社会学的大背景下，巩固和建立篮球教学的社会基础，并为推动篮球运动以及教学的社会化、生活化及产业化提供了理论参考。

（3）优化篮球运动学说和组织结构，提高篮球运动系统、教学系统的组织管理工作的效率和效益。

（4）对体育道德意识和体育道德行为方面进行规范，为今后的进一步发展建立良好的秩序。

二、社会学与教育社会学

（一）教育社会学的概念

教育社会学是以社会学为背景发展出来的研究教育现象、教育问题以及与社会之间关系的学科。教育社会学研究各类教育在个人社会化过程中的功能，并对有关的角色结构展开分析。教育社会学把学校看作一个组织，班级则是一种社会系统，于是它的研究包括各教育群体的相互影响、校内亚文化、课程设置等。

（二）教育社会学对篮球教学的影响

高校的篮球教学本质上属于社会文化发展的一部分，教学研究是建立在教育社会学的基础之上的。对篮球教学的影响有以下几个方面。

1. 功能理论

功能理论认为：社会是一个相对稳定持久的结构，由各种不同部分组成，在社会整体中，社会结构的各部分分别起着不同的作用，整体中任何部分的变化都可能对整体结构造成影响。

在高校的篮球教学中，教练、学生在社会结构中发挥的功能有所不同。在教学课堂上也不尽相同。理解能力强、进步速度快的学生与理解能力弱、进步速度相对较慢的学生，教练应该在课程设计之前就有所预期并准备相应的不同训练方式方法，以备让每个学员都尽量能得到最适合的训练和学习。学生得到全面、良好的发展，在未来才有可能进入更好的社会组织，找到更适合自己的社会角色，从而让自身才能与价值得到最好的发挥。这也是高校的义务与使命，培养和引导学生对个人具有客观清醒的认知，对社会有良好的理解能力和适应能力。

2. 解释理论

解释理论也称互动理论，是由现象论、知识社会学、符号互动论等社会学术思潮组成的。其基本观点如下：关注教学活动中篮球教练与学生共同构建的教学过程的问题，以及教与学之间的互动过程，需要关注教练与学生的双主体作用，在篮球教学中教练和学生分别扮演的角色、行为、彼此间的沟通和对话等表现。在进行分析时常常涉及以下几个概念。

符号。在篮球教学中，语言是最基本的符号，在课堂上，在训练中，在球员彼此合作练习时，基本上都是通过语言来实现的。

自我概念。无论是在篮球教学中，还是社会生活中，学生都是通过不断地自我反思来逐步构建和发展自我概念，包括物质、社会和精神几个方面。

情境定义。即学生对其所处的社会情境的观察和理解。这是因为，不同学生对同一课堂的情境有不同的理解，会直接导致不同的教学效果。

社会活动。社会活动指个体与个体或者群体与群体之间的一种交互活动或反应过程。

第三章

课程思政视域下高校篮球教学研究

第一节　课程思政概述

一、开展课程思政的背景

教育承担着为国家培养人才的重要作用，是一个国家安身立命的重要根基。而高等教育是教育中非常有代表意义的一个重要部分，高等教育的发展水平能在一定程度上体现国家的发达程度和发展潜力。高校的政治教育是高等教育的重要环节，回答了培养什么样的人、怎么培养人和为谁培养人的问题，将思政教育贯穿高等教育的始终是培养国家人才的必然要求。

2016年12月，总书记在出席全国高校思想政治工作会议时发表重要讲话，讲话具体内容为，“做好高校思想政治工作，要用好课堂教学这个主渠道，思想政治理论课要坚持在改进中加强，提升思想政治教育亲和力和针对性满足学生成长发展需求和期待，其他各门课都要守好一段渠，种好责任田，使各类课程与思想政治理论课同向同行，形成协同效应”。其中，“守好一段渠，种好责任田”是对各个专业任课老师的要求，“各类课程与思想理论课同向同行，形成协同效应”是对高校课程建设提出的要求。总书记的讲话为高校做好下一阶段的思想政治教育工作指明了方向，即充分利用教学课堂，在进行知识教育的同时加强对学生的思想政治教育，实现价值引领和知识传授相统一，构建思政理论课程、素质教育课程、专业课程三位一体的高校思政课程体系，发挥多学科优势，实现全程育人、全方位育人。2018年9月10日的全国教育大会上，总书记又对立德树人提出了新的要求，强调在培养社会主义建设者和接班人这个方向问题上，丝毫不能偏离。

伴随时代的发展和国家的富强，人民的生活水平不断提高，在优越社会环境下成长起来的当代年轻人在思想上呈现出的特点是更加关注自身的感受，注重自我满足和自我目标的实现。这种思想无可厚非，但问题是他们对家国问题的认识不够深刻，无法正确看待国家利益和个人利益之间的关系。思政教育正是为了引导青少年形成正确的价值观念、培养青少年的健全人格而开展的。但是在传统的专业课教育模式之下，思政教育的目的经常难以达到，为了改善这一困境，国家提出了“课程思政”的新型教学模式。所谓的“课程思政”就是以强化思政教育为目的，各学科有意识地引进思政教育内容并自觉与思政课程进行同步教学，从而对思政教学起到协同促进作用，并最终将高校的思政教育落到实处。

课程思政最先将上海市作为试点进行试执行，并取得了理想的效果。到目前为止，课程思政已经经历了三个发展阶段，分别是：2005—2009年在上海试执行的“两纲教育”、2010—2013年开始全面推行的“德育一体化”教育和2014年至今形成的成熟的思政课程教学体系。

二、“课程思政”概念的界定

课程思政是为了解决当代青少年在思想上出现的问题，引导青少年形成正确的价值观和健全的人格而提出的，在实行的过程中也显示了其优越性，并继续在目前的思政教育中发挥着重要的作用。但是，学界一直未对课程思政的概念做出明确统一的界定，这不利于高校在实行这一教学模式中的有据可依，我们必须要认识到对课程思政这一概念进行界定的重要性，积极寻求对其概念的解释及其界定。

目前关于课程思政的概念界定比较有代表性的说法是出自北京大学的孙蚌珠教授的“思政课程是思想政治理论教育的课程体系，而课程思政则是教学体系”。这种说法很好地揭示了课程思政和思政课程之间的区别，对思政课程的概念进行了界定。

三、课程思政的要求

（一）以高校党委为政治核心

我国高校实行的管理制度为高校党委领导下的校长负责制，其中党委承担着学校办学、管理的各项任务，是学校的领导核心。思想政治教育工作也在党委工作的范畴之内，只有在党委的领导之下，才能保证各项思想政治教育工作的顺利开展和实施。将高校党委作为政治核心开展课程思政具有以下几方面的优势。

（1）有利于发挥高校党委部门管党治党的主体功能，实现其统筹规划的作用，调动学校的行政、教学等各个部门，集中人力资源、物力资源为课程思政服务。

（2）课程思政改革对于高校党委来说是一次难得的实践机会，能够从思想建设、组织建设和制度建设等多个方面锻炼高校党委的建设和管理能力，提高高校党委的工作能力。

（3）作为高校课程思政建设的主体，党委能够主导“课程思政”制度建设的顶层设计，把握党对高校的领导权，能够切实贯彻落实总书记在全国高校思想政治工作会议上提出的改革要求，保证围绕培养社会主义接班人这一目标的课程思政教学模式在教学一线的顺利开展。

（二）发掘非思政专业课程中的思政教学资源

课程思政要求教师在上课的过程中将专业课知识教学和思政教育结合起

来，在“教书”的同时达到“育人”的目的。教师想要实现这一要求，就必须要着力于发掘非思政专业课程中的思政教学资源，并采取合适的方式充分利用这些资源。

在发掘思政教学资源的过程中，教师要打破学科的禁锢，将德育放在教学的首位。在掌握和整理学科知识体系的基础上，重点关注其中带有德育色彩的部分，并将这些内容和国家提倡的先进思想观念相结合，让学生在专业知识的学习中受到道德的教化。

（三）注重教师队伍的建设

课程思政教学模式的实行，转变了传统的只由思政课程承担对学生的思政教育任务的教学形式，将思政教育的任务下发到所有课堂，对各个专业学科的老师都提出了更高的要求。教师是课程思政教学模式的实践者，其思想意识和能力都会对思政课程的效果产生重要的影响。

从思想意识上说，各专业课的教师都应该认识到德育的重要性，肯定思政教育的意义，转变传统的重视知识教学而不注重道德教育的教学理念，坚持将“智育”和“德育”相结合，将思政教育引入自己的课堂之中。从能力上来说，各学科教师应该认识到自己在思政方面的不足，增加对思政知识的学习，重视提高自己的思政教学水平，提高自己在专业知识教学过程中融入思政教育的能力。

（四）协同发挥“课程思政”和“思政课程”的作用

在实行“课程思政”教学模式的过程中也不能忽视“思政课程”的功能，加强两者之间的交流，协同发挥两者的作用，有利于达到更加理想的育人效果。

从教师方面来说，高校应该鼓励专业课教师和思政教师之间的交流，鼓励双方互相深入对方的课堂，相互促进对方教学效果的提升。比如，思政课教师可以进入专业课的课堂，开展关于思政知识的讲座，实现价值引领；而专业课教师也可以进入思政课堂，协助思政教师进行专业知识的讲解，比如法学专业的教师可以讲解“依法治国”的知识，经济专业的教师可以讲解国际贸易的知识等。思政课教师和专业课教师之间的联动，对于提升彼此的教学效果，达到共同育人的目的具有重要作用。

从学生方面来说，教师要注意教学方式的选用。比较有效的教学方式是引导学生将专业课知识和思政知识进行结合，比如思政教师鼓励学生在思政课堂上结合思政知识对专业课的内容进行讨论，而专业课教师鼓励学生在专业课课堂上结合专业课的知识对思政课的内容进行讨论。这种教学方式对于加深学生对知识的掌握，培养学生利用知识解决问题的能力都有非常重要的帮助。

第二节 课程思政理念融入篮球课程教学的必要性

一、课程思政具有重要价值

课程思政是对我国教学模式的一次重要突破，弥补了我国传统的教学模式在思政教育上的不足。传统的教学模式中，各个学科和思政教育之间是相互独立的关系，这种关系导致在很长一段时间内，教育的“教书”和“育人”两个功能难以同时实现。而课程思政则实现了专业课教学和思政教育之间的联合，在专业课教学中有针对性地加入思政教育的内容，一方面丰富了专业课的内容，另一方面也借助专业课课堂完成了思政教育的目的，真正发挥了教育的“教书育人”功能。同时，这种通过串联的方式实现双重目的、提升教学效果的新颖教学模式的成功，为我国接下来的教学模式改革提供了灵感，有助于促进我国的教学模式向着更加科学、高效的方向发展。

课程思政的重要价值是我们将其融入高校篮球课程教学的必要原因之一，下面我们将从学校层面、教师层面和课程层面对课程思政的重要价值进行具体解读。

（一）学校层面

学校是对国家对青少年进行教育的最主要的场所，高校教育是学校教育的重要环节。当前，在社会快速发展变化的背景之下，校园面临着各种思潮和文化的相互碰撞，对高校教育来说，这既是一种机遇，同时也是一种挑战，关键在于高校自身的抉择和做法。而课程思政的建立无疑为学校指明了思想教育的发展方向，从顶层设计上实现了道德教育和知识教育的统一，使得高校在思潮变化的风口之下坚持了自己“教书育人”的任务。

（二）教师层面

从教师层面来说，课程思政为他们提出了“三真”的要求，要求他们真学、真做、真信。其中，“真学”是指教师的学习不应该只集中在专业知识上面，而应该实现跨学科学习，同时增加对社会现实的关注，在精通本专业知识的基础上促进自身的全面发展。“真做”是指本着“以人为本”的教学理念，对学生负责，不断提高自己的教学水平，钻研课程思政的有效教学方法，坚持进行创新突破，将思政教育无声地融合到专业课堂上，对学生形成潜移默化的影响。“真信”指的是教师本人应该具备高尚的思想道德觉悟，严格要求自身，时刻注意自己的言行，通过言传身教实现对学生的教育。

“三真”要求从课程思政最重要的环节之一——教师入手，对教师提出了学习、行动和思想上的要求，在帮助提升教师队伍的整体素质上具有非常重要的价值。

（三）课程方面

从课程层面上说，课程思政并不是将专业课课程和思政课进行简单的相加，而是根据专业课的特点，一方面在其中发掘思政教学的资源，另一方面根据专业课的特点将思政课程的内容有机地融合到专业课之中。这样做的目的是将思政教育全过程、全方位地融入到课堂之中，使学生在学习专业知识的同时又得到思想政治上的“洗礼”。课程思政不仅实现了课程教育“智育”和“德育”的结合，还开创性地实现了不同学科之间的有效融合，为我国教育模式的创新发展提供了全新的灵感。

二、课程思政具有重要的教育内涵

（一）课程思政是一种创新的教学理念

课程思政的教学模式是对传统的教学理念的一种颠覆，它提供了一种全新的教学思路。课程思政转变了传统的依赖专业的思政课程进行教学的思政教育模式，将思政教学的任务下发到每一个学科教师的手中，促进专业知识的显性教育和思政教育的隐性教育相结合，构建思想政治理论课、综合素养课、专业课三位一体的高校思想政治教育课程体系和思政课教师、专业教师、校内外专家协同联动的育人体系，促进实现从“思政课程”主渠道育人向“课程思政”立体化育人的创造性转化。

课程思政这一教学理念的提出，不仅能够有效解决传统思政课程教育效果不佳的问题，更是对我国的教学体系进行了一次有力的冲击，为我国教学模式的发展提供了全新的思路，有利于促进我国教学新模式的的出现。

（二）课程思政对于改善教学效果具有重要的作用

课程思政教学模式的开展，从教育本身的角度上来说，对于改善教学效果具有重要的意义。课程思政教学是将专业知识教学和思政教育结合在一起，一方面发掘专业课知识中思政教学资源，一方面将引导学生将思政课程的内容结合到专业课的知识之中。教师在上课的过程中会带领学生不断进行知识之间的切换和融合，引导学生发现知识之间的联系，这样做不仅能够锻炼学生的思维转换能力，还能锻炼学生的知识运用能力，加深学生对专业知识的理解和掌握，培养学生的思政觉悟，最终实现提升专业课和思政课双课堂的教学效果的作用。

三、将课程思政融入篮球课程教学具有重要的意义

（一）摆脱思政教育孤掌难鸣的困境

传统的思政教育主要依赖思想政治教育理论课和团日活动进行，具有教学途径单一、教学效果不佳的问题。从思政课堂上来说，教学形式单一、教学内容枯燥、教学课时集中，很难吸引学生的兴趣，大部分学生是抱着“混学分”，应付教师的心理来上课的，自然达不到理想的教学效果。从团日活动上说，一般党委和辅导员将举办任务下发给班级学生干部，而学生干部具有经验不足和活动意义认识不深刻的问题，导致的结果就是学生不愿意配合，团日活动流于表面，大部分班级是抱着完成教师交代的任务开展活动，不仅达不到教育效果还无形中浪费了学生的时间、增加了学生的负担。而将思政教育融入篮球课程教学中，一方面拓宽了思政教育的教学途径，改变了传统的单一教学模式，另一方面也能发挥学生在课堂上的主体作用，激发学生的能动性和积极性，提升思政教学的效果。

（二）实现国家“体育强国”的战略目标

近年来国家越来越注意到体育事业在提升国民体质和促进经济发展等多个层面上的作用，并做出了要大力促进我国体育事业发展的重要决定。2019年，国务院印发了《体育强国建设纲要》，其中明确了发展我国体育事业的目标、任务和措施。《纲要》还提出，发展我国体育事业要实行“三步走”的战略，分别是：到2020年，建立与全面建成小康社会相适应的体育发展新机制；到2035年，体育治理体系和治理能力实现现代化，竞技体育综合实力和国际影响力大幅提升，体育产业成为国民经济支柱性产业，体育文化感召力、影响力、凝聚力不断提高，中华体育精神传承发扬；到2050年，全面建成社会主义现代化体育强国。将思政教育融入篮球课程教学，有利于帮助学生认识国家提倡建议体育强国的重要意义，使学生在增加专业技能的同时提高自己的思想政治水平，成长为国家建设体育强国所需要的重要人才。

（三）弘扬和传承体育精神

体育精神是指体育运动中所蕴含的对人的发展具有启迪和影响作用的有价值的思想作风和意识，在一定程度上，体育精神的培养和思政教育之间是相互重合、相互联系的关系。将思政教育融入篮球课程教学之中，实际上是在原有的注重体育技能教育的基础上加大了对学生思想上的教育和引导，为学生感悟体育精神、传承体育精神创造了有利的条件。比如借助竞技活动对学生开展思政教育，有利于培养学生的竞争意识，帮助学生形成正确看待成败的价值观念；在教学过程中向学生介绍国家体育强国的发展战略，有利于增强学生的爱国意识，帮助学生树立体育报国的远大理想，等等。将思政教育融入篮球课程教学之中，能够通过思想政治和体育精神之间的共通性，实现学生思想政治觉悟的提高，促进体育精神的弘扬和传承。

第三节　课程思政理念融入高校篮球教学的路径

一、更新教育理念，注重德育

教育理念是开展教学活动的依据，能够体现教学实践的风格和特点。将课程思政融入高校篮球教学课程之中，首先应该更新教育理念，注重德育。在建立教学理念的过程中要充分肯定“课程思政”的重要性，将课程思政融入学生培养方案之中，从教学目标、课程设置、教学方法、考核评价等各个环节，加大从行政到教学、从教师到学生、从活动到课堂等各个方面对课程思政的重视程度。课程思政的目标是对学生进行思想政治教育，培养学生的高尚品格，健全学生的人格，因此要在新的教育理念中突出“德育”的重要性，让教师认识到自己“教书育人”的根本任务。高校要响应国家的号召，根据党和国家关于课程思政的要求，积极更新教育理念，重视德育，发挥高校为国家培养全面发展的优秀人才的作用。

二、改革教学模式，创新教学方法

课程思政进入高校篮球教学需要转变传统的教学模式，改变传统的教学方式。从教学模式上说，传统的篮球课程注重对学生篮球运动技能的培养，但是几乎不存在对学生思想政治的教育，而课程思政要求将思想政治教育融入各个专业课的课堂，在专业课内容中发掘课程思政的教学资源，有针对性地将思政教育的内容融入专业课程教育之中。在这种要求之下，教师需要转变传统的教学模式，在对学生的篮球运动技能教学中加入思政教育的内容，实现两者的有机结合。从教学方法上来说，思政教育进入专业课程的课堂对教师来说将会是一个全新的挑战，教师需要认真钻研教学方法，采用丰富的教学形式，巧妙地将两者结合，激发学生的学习兴趣，使学生在篮球课堂上不仅能获得篮球运动技能，还能接受思想和价值观念的正确引导，提升自身的思想觉悟。

三、提升教师综合素质，增强德育能力

教师是进行课程思政中非常重要的一个环节，教师自身的思想道德素质和教师实行课程思政教学的能力，都会影响教学效果，关系到教学思政的教学目标能否实现。因此，在推行教学思政的过程中一定要非常关注教师这一环节，注重提升教师的综合素质，增强教师的德育能力。首先，教师对学生起到榜样的作用，教师自身的言行举止都会在潜移默化中对学生产生影响，所以教师一定要注意提高自己的思政水平，提升自身的人格魅力，使学生形成对教师的敬佩感和信服感。高校要加强师德、师风建设，提倡教师在课余时间参加思政教育，也可以组织相关的活动和培训课程，将教师集中起来进行学习培训。其次，教师要提高思想觉悟，认识到对学生进行思政教育是一项艰巨但光荣的使命，主动承担起德育的责任，引导学生树立正确的思想和

价值观念。教师要积极探索推进思政教育进入课堂的有效办法，不断创新教学方法和教学模式，创建思政教育和篮球教学的有机结合，不断提高自己的教学水平和教学质量。

四、建立全面的思想政治教育考核评价体系

在推进课程思政的过程中，高校应该建立起全面的教育考核评价体系，以检测课程思政的教育效果。建立该体系要重点把握两个方面，一是要加强对学生思想政治教育过程的监控和整体教育效果的把控，保障学生思想政治教育工作的有效开展，积极推动学生思想政治教育工作的进一步深化；二是要提升体育教学对学生的思想政治教育成效，不让课程思政成为一种不实在的表面形式，把体育专业课程中的思政教育纳入考核范围，改变传统的以体育成绩作为单一考核标准的考核方式，体现对思政教育地位的重视。另外，在建立考核体系的过程中，应该注意使用科学的考核方式，将过程考核和终结考核相结合，根据不同阶段教学的特点，设置有针对性的考核指标，保证考核结果的科学性和合理性。在对教师进行考核的过程中，除了要将教师最终的教学成绩纳入考核指标之中，还要对教师自身的思政水平、教师的教学态度、学生对教师教学的满意程度等都纳入考核指标范围内，多方面、全方位地考核教师的德育水平。

五、通过篮球理论课进行思政教育

单一的课程形式容易消磨学生的学习兴趣，不利于对学生进行思政教育。因此想要顺利推行课程思政进入篮球教学课堂，要改变以往篮球教学重视实践教学而忽视理论教育的弊端，认识到篮球理论课程在思政教学中的作用，科学合理设置篮球理论课程。教师可以采用多种形式进行理论知识教学，将思政教育的内容穿插到课程之中，通过丰富的课堂形式提升对学生的“德育”效果。

比如教师可以通过篮球的发展历史，引导学生感受篮球的文化内涵，从中受到人生的启发；可以为学生播放一些著名的篮球赛事视频，尤其是中国队的比赛视频，让学生感受体育精神，增强民族认同感和爱国意识；还可以通过为学生介绍篮球运动中的各种规则，帮助学生树立规则意识和责任意识；通过让学生了解篮球运动中每个队员的站位以及各自需要承担的责任，让学生了解团队合作的重要性，学会相互配合，等等。教师在进行篮球理论知识的教学过程中引导学生将其和思政知识相结合，一方面能够帮助学生加深对篮球理论知识的理解和记忆，另一方面也实现了对学生的思政教育，使学生明白了做人做事的道理。

六、抓住细节对学生进行思政教育

生活是由无数个细节组成的，人们的思想素质和道德水平能够从一个人的行为细节中体现出来，同样，如果对人们行为的每一个细节都严格要求，人们的思想道德素质和价值观念也必定能够得到正向的发展。教师在推进思政教育进入篮球课堂的过程中，可以将课堂上的一些细节作为思政教育的入手点，比如在学生领取和归还体育教材的时候可以教导学生要礼貌待人；在学生和教师、学生和学生之间进行交往的时候可以教导学生要尊重师长、友爱同学；在组织学生列队、上课的过程中可以教导学生做事要遵守规则和纪律，等等。从细节处入手对学生进行思政教育，能够抓住具体的事件阐释其中的思政意义，有利于加深学生的感悟，获得理想的教育效果。

七、打造思政教育示范课堂，发挥示范作用

高校的思政课教师发挥先锋模范作用，发挥自身的优势，思政教师有扎实的基本功和理论知识，充分发挥学科优势，可结合本校的校训、本学校办学理念并结合本校学生的特点和实际情况，提炼出“理论，实践、理论”与实践课程相结合，高校体育教师要先探准在挖掘，先冶炼再提炼。把课程分

成公共课、实践课、专业课，思政专业教师进行理论指导，形成团队效应，打造示范课程。总体设计、试点先行，以点带面，逐步推开，不能一刀切，先选择一批有影响标杆的课程，鼓励教师大胆创新。

第四节 篮球课程思政教学设计方案

一、“融入式”教学方法

（一）“融入式”教学方法概述

1.“融入式”教学的概念

“融入式”教学方法是指教师在教学的过程中不直接向学生讲述教学的意图，而是将自己的教学意图融入某个特定的场景之中，中间将语言作为和学生之间进行交流的载体，和学生进行互动，引导学生主动认知环境和社会性知识的教学方法。

2.“融入式”教学的步骤

（1）开放

针对教学的意图设定一个特定的背景环境，注意设置的情景要能够激发学生的探索兴趣和积极的情感需求。

（2）融入

在教学过程中向学生揭示教学目标，使学生将教学目标中的知识和眼前的教学背景结合起来，建立知识和现实情景之间的联系，激发学生用知识解决问题的兴趣。

（3）创建

这一步骤的目的是培养学生运用知识解决现实问题的能力，教师要在此步骤中认真观察学生的表现，感受学生的技能反应、行为表现、情感需求和思维模式，有针对性地对学生解决问题中的不足进行教育，培养学生迁移教学内容到现实社会中的能力。

（二）“融入式”教学方法的课堂实例

1. 课程准备

（1）根据大学生培养方案的要求，制定本课程的教学大纲，教学目标为使学生掌握基础理论知识。

（2）利用“线上+线下”有机结合，设计教学过程，课前把篮球起源以小故事视频、篮球起源、发展、特点、NBA比赛的精彩回放等发到线上，让学生有了初步的了解。

2. 课堂内容

（1）游戏分组

进行“活动篮筐”游戏。将全班同学平均分成两个队伍，每个队伍派出三个人围成一个圆圈，这个圆圈为“活动篮框”。顾名思义，“活动篮框”可以在本方半场中的任何位置移动。游戏从中圈跳球开始，一方向“活动篮框”中投球，另一方进行防守，最终的比赛结果由投球数量决定，进球数量多的队伍胜利，进球数量少的队伍失败。

（2）游戏规则

被派出来做“活动篮框”的同学必须时刻保持队形，围成一个圆圈，不能散开也不能缩在一起。

其他同篮球比赛的规则。

（3）将思政教育和篮球游戏融合

首先，让学生进行“活动篮框”的游戏，让学生在游戏中获得乐趣，感受篮球运动的魅力。

其次，引导学生总结在篮球游戏中的感受，让学生意识到自己在篮球运动中技术和战术水平的不足，激发学生的学习欲望；发掘篮球运动中的思政教育资源，以篮球游戏为载体，对学生进行规则意识、团队意识、拼搏精神等思想教育。

再次，以学生在篮球运动中的表现为例，引导学生认识篮球理论知识的重要性，正确看待篮球理论知识和篮球实践两者之间的关系，意识到只有在科学理论的指导之下才能更好地掌握篮球技术和战术，取得理想的比赛结果；借助篮球游戏向学生介绍篮球发展历史上的著名人物，引导他们身上体现出来的优秀品质和人格魅力，带领学生感受体育精神。

最后，通过游戏，激发学生创新求变的意识，下次课在篮球规则的约束下改变游戏规则，鼓励学生在课下多实践多钻研，在掌握技能后可以组织校内篮球比赛和社区篮球比赛，为篮球赛事做服务工作，强化学生实现自我价值，有社会服务精神和服务意识。

二、“嵌入式”教学方法

（一）“嵌入式”教学方法概述

“嵌入式”教学指的是将理论知识和实践能力相互嵌入，实现两者的有机统一，促进教学质量的提高。而在篮球课程中的思政教学设计中利用嵌入式方法进行教学，具体指的是利用网络化、数字化等多种方式将发掘出来的篮球课程中的思政元素嵌入篮球教学的具体组织过程中，实现篮球教学和思政教育的有机结合，提升课程的趣味性，使学生在进行篮球知识学习的过程中接受思政教育，达成课程思政的目的。

“嵌入式”教学的“嵌入方法”主要包括结构嵌入、双向嵌入、认知嵌入等几种方式。

（二）“嵌入式”教学方法的课堂实例

1. 教学内容

（1）具体技能

原地持球交叉步突破（以右脚做中枢脚，从防守队员左侧突破为例）。

（2）技术要点

右脚作为中枢脚，支撑地面。

左脚向左前方移动一小步，吸引对方防守向左前方移动。

左脚迅速做蹬地动作，发力支撑右脚向右前方大跨步，同时上半身向右侧微微转动，左肩膀向前下压，将重心移动到身体的右前方向。

把篮球移动到身体右侧，右手持球在左脚的右前方向做推按球动作。

右脚蹬地加速超越对手。

2. 将思政教育和篮球技能教学相互嵌入

（1）在该技术中，加速瞬间要求要先运球后移动中枢脚，未按规则则被视为走步违例。教师可以重点向学生讲述这一技术要点，加深同学们对规则意识的认识。

（2）对该要点进行延伸教育，引导同学们从篮球运动的规则意识认识到如今是法制社会需要具备法制精神，做事依照规则和法律是对自己和他人有责任感的体现、尊重他人的权益等。将思政教育嵌入篮球技术教学之中，实现两者的有机结合，加深学生的理解和记忆，同时完成“智育”和“德育”，提升教学质量。

三、“渗入式”教学方法

（一）“渗入式”教学方法概述

篮球思政教学设计中“渗入式”教学方式指的是将思政教育元素渗入篮球教学之中，运用思政教育元素讲授学科知识，结合教学内容设计教学活动。

（二）“渗入式”教学方法的课堂实例

1. 教学内容

（1）技术：篮球裁判（实践练习）

（2）准备：教师需要在实践课之前先开设理论课，对篮球裁判的相关理论知识进行教学解读，本节课主要是专注于篮球裁判的实践练习。

（3）课程内容：将全班学生按照人数需要进行分组，一共分成四个小组，两个小组之间进行篮球比赛，一个小组进行比赛记录，一个小组作为比赛的裁判，小组之间依次轮换角色。

2. 将思政教育渗入篮球教学中

（1）每个队伍设置一名队长，要求队长协调好自己的队伍，做好战术和技术的合理筹划。各队员要尊重队长的安排，结合自己的特长，做好自己在队伍中的角色。这样一方面能够充分调动每位同学的责任意识，一方面能够帮助学生锻炼团队协作精神和能力。

（2）篮球比赛具有一定的激烈性，这要求各队员在篮球比赛的过程中要严格遵守篮球比赛的规则，合理利用自己的身体，尽量避免自己和他人的肢体冲撞，这样能够培养学生的规则意识。但是篮球比赛的激烈性决定篮球比赛中不小心的肢体冲撞是难免的，队员在和别人发生肢体冲撞的情况下，要保持冷静平和的态度，采用合适的方式解决问题，防止激化矛盾，这样能够体现学生的人文素养，培养学生面对问题和解决问题的能力。

（3）作为裁判的学生必须要严格按照裁判规则，本着公平、公正、公开的态度，对赛场上各队员的行为进行评判，不能在裁判过程中掺杂自己的私人情感。可以根据篮球比赛中对裁判的行为的要求，引导学生增强自身的规则意识，并且可以从规则意识上展开延伸，培养学生的法制精神和判断能力。

（4）课程的结尾可以设置一个讨论总结的环节，让学生将篮球技术和思政教育相结合，对课堂所学进行分享交流，巩固学习效果。

第四章

“有效教学”视角下高校篮球教学课程体系的建设

高效率教学是高校篮球课程改革的主要方向，其宗旨是提高教学的效益和效果。这一宗旨为高校篮球课程体系的建设与完善明确了方向。高校篮球课程教学长期以来存在课时少、内容重复、学生缺乏兴趣等问题，严重影响了高校篮球的发展。对此，篮球教师要及时转变教学理念，确立“有效教学”的教学思想，在有效教学理论下优化篮球课程设计，完善篮球课程体系，有效提高篮球课堂教学效率和效益。本章就重点在“有效教学”视角下研究高校篮球教学课程体系建设，首先阐释有效教学的基本知识，然后基于有效教学理论而展开对高校篮球教学课运作流程及组织与实施的研究，从而为促进高校篮球课的高效运作及提高课堂教学效率而提供指导。

第一节 有效教学概述

一、有效教学的概念与含义

（一）有效教学的概念

有效教学是师生在教学活动中遵循教学活动规律，采用各种有效的方式和手段，以尽可能少的教学投入取得最优的教学效益和效率，促进学生在知识与技能、过程与方法、情感态度与价值观“三维目标”上获得整合、协调、可持续进步和发展，从而有效实现预期教学目标，满足社会和个人的教育价值需求而组织实施的教学活动。①

（二）有效教学的含义

有效教学的概念中包含下列几层含义。

1. 以学生的有效学习为评价标准，以学生的进步和发展为核心

学生的学习效果直接反映了教学的有效程度，学生的有效学习程度和结果、进步和发展幅度以及是否有持续的动机、兴趣及恒心去学习等，这些都能说明教学是否有效，也可以依此判断教学的有效程度。

2. 学生进步与发展以实现“三维目标”为自主

要判断学生通过学习是否取得了进步，获得了发展，不能只看其是否掌握了课堂知识和技能，这只是基本维度的目标，此外还要看另外两个维度的目标，即“过程与方法”目标、“情感态度与价值观”目标。只有同时实现了“三维目标”，才可以判断学生获得了全面的进步和可持续的发展。如果只是实现了某一维度的目标，没有全面实现所有维度的目标，说明并没有进行有效教学，而是低效教学，如果各个维度的教学目标都没有实现，那么就

① 侯耀先，栾宏.有效教学论[M].西安：西安出版社，2011.

是无效教学。

3. 通过有效教学促进学生进步与发展

是否合理有效地实现了教学目标及实现程度的大小是判断教学是否有效的主要依据。除此之外，要看通过有效教学是如何实现促进学生进步与发展的目标的。促进学生持续进步与发展的有效教学应该具备以下特征。

（1）合规律

按照基本教学规律，采取科学有效的教学方法进行教学，从而促进学生进步与发展，这是有效的教学。而如果通过拖延教学时间、占用学生自主学习时间、狂做练习题等方式来追求教学效益，那么学生可能获得短暂的进步，但最终会对学生的持续发展造成制约。

（2）有效率

学生在学习投入较少的情况下学习收益依然可观，这在一定程度上说明教学效率好。学生学习投入的多少不仅是指学习时间的多少，还包括付出的脑力劳动的多少和单位时间内承受的脑力负担的大小。学生的学习收益不仅是指某一次的考试成绩，还包括让学生掌握能够终身受益的知识、技能，让学生的非智力因素得到发展。教学效率的提高需要师生共同努力，要同时对教师的教学行为和学生的学习行为进行优化，有效的教学行为是高效教学的前提。

（3）有魅力

教学过程丰富有趣，能够给学生带来良好的情感体验，激发学生自主自觉学习及持续学习的动机、兴趣和积极性。

（4）有效果

学生在教师的教学指导下学习并获得了进步和发展，说明了教学是有效果的，学生在教学中的收获是评价有效教学的重要标准。

（5）有效益

学生进步和发展是有效教学追求的基本教学效果，除此之外，还要使教学结果符合教学目标，使个人和社会的教育需求得到满足，这才是有效益的教学。

二、有效教学的基本特征

（一）以促进学生发展为根本目标

有效教学的根本目标是促进学生的可持续发展，包括学生在知识和技能、过程和方法、情感态度和价值观三个维度上的发展，学生既要有健康的身体，丰富的情感，也要有良好的社会适应能力，要全面发展，不仅只强调学生的考试成绩，更要使其在学习过程中形成正确的世界观、人生观和价值观。有效教学追求的是学生的整体发展、协调发展和全面发展，而不是片面发展和局部发展，只有能够促进学生全面发展的教学才是有效教学，否则就是无效教学或低效教学。有效教学的三维目标相互之间密切联系，构成完整的目标体系，这三个维度的目标其实就是促进学生发展这一根本目标的三个方面。在教学过程中，要把握好三维目标之间的联系，共同实现三维目标，而不是先实现其中一个目标，再实现另一个目标。这样就把三维目标拆分成独立的个体了，不符合有效教学的规律。所以，教师要树立整体结构观念，在同一教学过程中实现各个维度的目标，促进三维目标的全面实现，从而促进学生全面、协调及可持续发展，实现有效教学的根本目标。

（二）有效知识量高

教学的有效知识量决定了教学的有效性，这是从长期的有效教学实践中总结的结论。教学中涉及的知识非常多，而只有真正能够被学生理解，对学生智力发展有益的知识才是有效知识。这部分知识的多少决定了教学效果的好坏，也是判断教学有效程度的重要标准。如果有效知识量很少，说明教学效果较差，这种情况下，不管教学内容再科学、丰富、准确，都不能称之为有效教学。

课堂教学能否有效进行，与课堂教学知识的有效性有很大的关系。从发生学的角度来看，所有客观存在的知识都有自身的价值，都是有效的，但是从教育学的角度来分析，有些教学知识是有效的，有些是无效的。教学知识是否有效，与其是否科学没有关系，即使教学内容是科学的、正确的，但如果部分知识不符合学生的认知结构，而且教师在传授这类知识时采取的方法不当，那么教学效果就不理想，这部分知识就属于无效知识。教学效果和教学知识量没有必然的关系，而主要由有效知识量决定。

（三）预设与生成的辩证统一

有效教学是预设与生成的辩证统一，其既是充分预设的，同时也是动态生成的。预设和生成密切相关，生成是建立在预设基础上的，在预设的前提下才有了生成，生成是预设的超越。教学活动本身具有计划性、目标性，在确定目标的前提下有计划地开展教学活动是有效教学的基本要求。如果忽视了这个“预设”，脱离预期教学目标而盲目开展教学活动，教学过程随意，教学行为和学习行为不统一，那么就不可能实现有效的动态生成。同样的道理，如果忽视了“生成”，只强调“预设”，在教学过程中不能从实际出发而灵活调整教学计划，那么很难实现理想的教学效果。因此，在有效教学中既要关注“预设”，又不能忽视“生成”，要从辩证的角度将二者统一起来。

（四）学生处于最佳投入状态

有效教学中学生自主学习的态度和积极性反映了学生的投入状态，学生的学习意向、学习行为程度是学生投入状态的主要内容。学生的初始学习动机和持续学习的愿望是其学习意向的主要表现，学生的学习水平和学习结果是其学习行为程度的主要表现，学生投入学习分主动投入和被动投入两种情况，前者更有助于提高学习效果。学生的学习参与（学习行为程度）分表层参与和深层参与，后者更有助于提高学习效果。

在建构主义学习理论的指导下，有关学者在教学有效性的评价中将学生主动学习行为及学习的实际效果作为评价指标。教学实践表明，学生主动参与学习，积极思考，主动配合，更有助于提高课堂教学效果，而如果学生被动学习，以教师灌输为主，那么教学效果就较差。因此，在课堂教学中要尽可能调动学生主动学习的积极性，使学生主动参与课堂教学活动，这就需要教师从以下几方面进行努力。

（1）培养与激发学生的正确学习动机。

（2）为学生制定适宜的学习目标，并使学生对此有所明确。

（3）制定学习目标、选择学习方式和实施课堂管理都要鼓励学生参与，尊重学生的主体性和决策权。

（4）提出有一定难度的学习任务，激励学生主动思考和积极学习。

（5）激发学生学习的主动性，保护学生的正确学习动机，培养学生学习的自觉性和自主探究意识。

在课堂教学中，学生学习的深层参与比表层参与更有利于取得良好的教学效果，在深层学习的过程中，学生的学习思维是积极的，能够有效地比较分析知识、抽象概括知识、归纳整理知识，将旧知识与新知识联系起来，系统掌握知识，并能将所学知识运用到各种教学情境中去分析解决问题。深层学习的学生还能主动思考适合自己的学习策略，反思自己的学习过程和结果，在自主学习中严格监控，在学习结束后评价学习效果。学生在课堂上的深层参与还表现为其主动参与小组讨论，积极回答问题，做一些有创造性的学习活动，等等。

三、有效教学的基本要求

（一）用教学目标引领学生发展

有效教学体系包含教学目标、教学内容、教学方法、教学主体等要素，其中被称为“第一要素”的是教学目标。教学目标具有导向功能，对学生的学习与发展起到重要的引领作用。

为充分发挥教学目标的引领作用，教师要合理设计教学目标，要求如下。

（1）综合设计三维教学目标。

（2）设计带有一定难度的、能够激发学生挑战欲望的教学目标。

（3）将教学目标与特定问题情境联系起来。

（二）学生主动参与

有效教学过程是学习自主体验和自我建构的过程，所以学生的主动参与很重要。学生自主学习、探究学习、合作学习是现代教育教学改革的方向，学生主动参与是自主、合作及探究学习的基础和前提，有效教学也是建立在学生主动参与的基础上的。

为提高学生主动参与的积极性，要求教师做到以下几点。

（1）培养学生的学习动机，将学生的求知欲和学习热情激发出来。

（2）提供良好的时空条件使学生主动参与课堂教学活动。

（3）所有学生拥有平等的机会去参与课堂教学。

（4）教师要在课堂上设计一些能够启发学生思维的、激发学生挑战欲望的问题。

（三）营造良好的课堂氛围

课堂教学的心理环境和物理环境同等重要，课堂氛围就是心理环境的重要组成部分。良好的教学氛围应该是安全的（鼓励学生，允许学生犯错）、民主的（尊重学生的主体性，对所有学生都平等对待）、自由的（学生发挥天性，行使决策权）、和谐的（建立友好的师生关系，教师与学生多互动），这样的教学氛围能够使学生主动学习和乐于学习。在有效教学中营造良好的教学氛围对教师提出了以下要求。

（1）对学生亲切、友善，一视同仁。

（2）对学生的学习兴趣进行激发，使其维持持久的兴趣。

（3）给学生充分表现自己的机会，鼓励学生发表自己的观点。

（4）让学生在主动参与中享受成功的喜悦。

（四）学生掌握学习策略

学生不仅要主动学习，还要学会学习，学生对学习策略的掌握情况直接反映了其是否学会学习。在有效教学中不仅要将教学内容直接传授给学生，还要使学生掌握适合自己的学习方法和策略，提高学生的自主学习能力，使学生真正学会学习，提高学习效率。

四、有效教学的意义

（一）促进新课程改革的顺利实施

我国不断实施新课程改革主要是为了提高课程教学效率、效果和效益，即以增效为目标。但从改革实践来看，教学行为发生了偏差，如自主探究学生成为“放羊式教学”；小组合作学习中小组成员嬉笑打闹，教师缺乏管理；情境教学中教师设置问题情境，却忽视了对学生独立自主能力和探究能力的培养；启发式教学中教师罗列了很多问题，却没有启发学生思考，导致学生毫无头绪……这些教学现象与课程改革的出发点是不符的，影响了课程改革的质量和效果。对此，必须加强对低效教学的调整，实施有效教学，通过有效教学来加快课程改革，提高改革效果。新课改要求教师更新教学理念，提高专业素养，发扬教学风格，实施有效教学，提高教学效率，否则就不能称作是成功的课程改革。

（二）进一步落实素质教育

虽然我国近年来一直在倡导开展素质教育，但是应试教育模式下的教学现象依然存在，教师逐渐形成双面人格，一面是表面上响应素质教育的号召，另一面却是在课堂上大搞应试教育。教师认同素质教育，是因为他们正确理解了素质教育的内涵和意义，对教育的未来发展抱有美好的期待；而教师在实际教学中依然保留应试教育的痕迹，是因为名利的趋势，因为学生的成绩最能说明教师的教学能力，与教师的名誉、利益息息相关。本身应试教育就是与现代教育思想背道而驰的，学生的学业压力不减反增，再加上教师的低效教学或无效教学，进一步制约了学生的健康成长与持续发展。而有效教学能够使素质教育真正落实，素质教育离不开有效教学。

（三）提高教师的教学水平

有效教学要求教师充分掌握教学技能，并熟练运用各项技能，要求教师的专业教学素养达到一定的水平。实施有效教学的教师能够合理运用教学策略，具有很强的教学监控能力，不管是备课、讲课还是与学生交往，效率都很高，效果也很好，教师在开展有效教学的过程中不断提升与完善自己。

（四）提高学生的学习能力

促进学生学习能力的提高是有效教学的直接效应。有效教学强调学生学习的效率和方法，使学生将课堂知识快速掌握，深入理解所学知识，并掌握学习策略，有能力进行自主而高效的学习。

（五）提高学生的非智力因素

在教学过程中，学生非智力因素的发展与其学习效率有直接的关系，只有有效学习才能有效发展非智力因素。有效教学有助于促进学生学习动机的形成与强化，促进学生自我期望值的提升和心理素质的改善。因此，要促进学生智力因素与非智力因素的均衡发展，就必须注重有效教学，引导学生有效学习。

第二节　有效教学视角下高校篮球教学课的运作流程

一、分析篮球教学背景

（一）了解学情

分析教学背景的第一步是了解学情，主要是了解学生的学习准备、初始学习状态、学习过程中的状态及学习结束后的身心发展效果。了解学情的方式有问卷调查、作业与测验、访谈等。

（二）设计教学目标

依据了解的学情而设计篮球教学课的“三维目标”。

1. 认知目标

布卢姆等人按照从低级到高级的顺序，将认知领域的教育目标分为七个级别，如图4–1所示。在篮球教学中要从低级到高级有序实现这些目标，使学生充分了解篮球运动，领会篮球运动的文化内涵，学会运用篮球知识和技能，善于分析篮球教学中的情境问题，能够综合性地解决问题，并评价自己的学习效果。

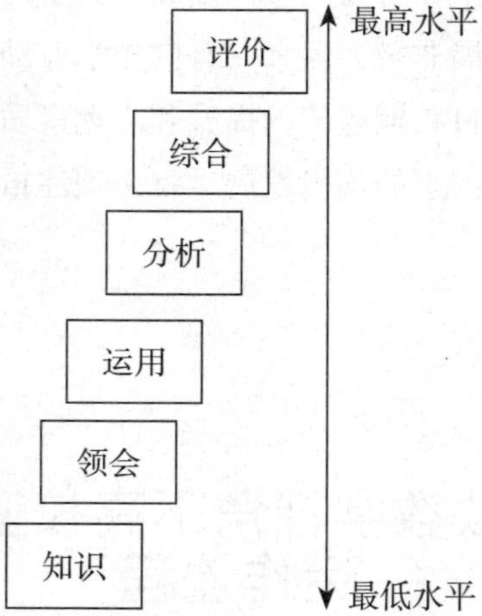

图4-1　认知目标[①]

2. 动作技能目标

哈罗等人按照从简单到复杂的顺序将动作技能领域的教育目标分为六个等级，如图4–2所示。在高校篮球教学中要重点强调动作技能目标的重要性，使学生充分掌握篮球技术，发展体能，提高专项感知觉能力，熟练篮球技巧，在篮球比赛中能够与同伴进行有效沟通。

① 陈佑清.有效教学[M].北京：高等教育出版社，2016.

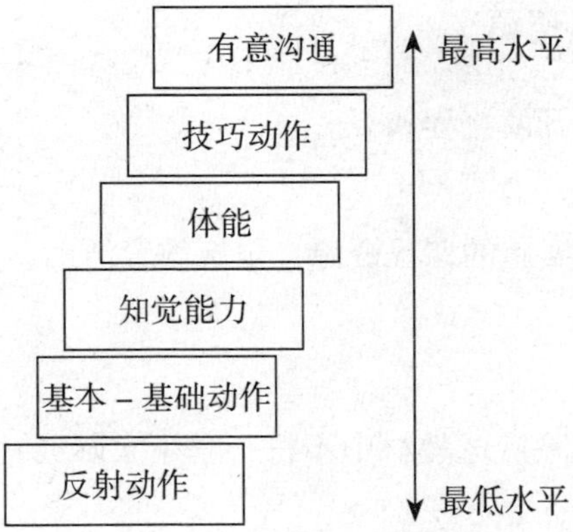

图4-2　技能目标[①]

3. 情感目标

有关学者依据价值内化的程度将情感领域的教育目标分为五个级别，如图4–3所示。在高校篮球教学中，要通过组织训练、比赛等实践活动而培养学生勇敢、机智、果断、坚持不懈的优良品质和高度的集体主义精神。使学生在篮球活动中充分表现自我，实现自我价值。

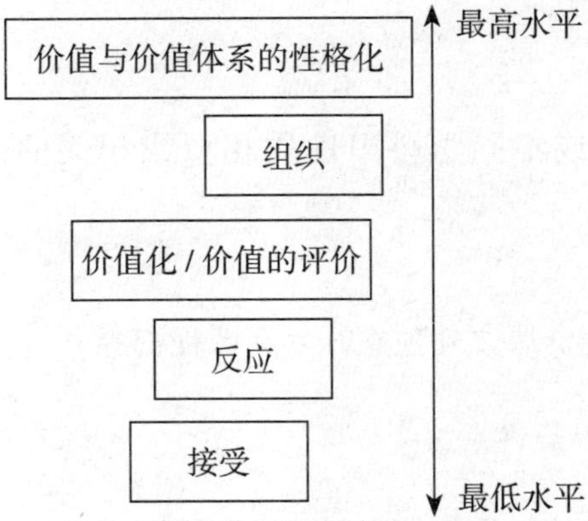

图4-3　情感目标[②]

① 陈佑清.有效教学[M].北京：高等教育出版社，2016.

② 同上。

（三）开发课程资源

篮球课程资源的开发流程如下。

1. 选择

选择要在课堂上实施的课程资源，包括教育活动、教材、教辅资料、重难点课程内容等。

2. 删减

根据实际情况删除篮球教材中不符合学生实际或社会发展需求的内容，保证教材的与时俱进。

3. 补充

在课程内容中融入补充性资料，以便更充分有效地实施国家或地方课程内容。

4. 拓展

在原有教材的基础上进行深度拓展和范围拓展，以进一步促进学生篮球素养的提高。

5. 重组

改变或调整教材内容结构，包括调整同一本教材的内容结构及不同阶段教材内容的次序。

6. 整合

整合不同单元或不同学科中性质相似或相关的内容，进行延展性教学。

7. 重新开发

教师在现有课程资源之外独立开发新课程资源。

（四）评估教学条件

依据教学需要评估教学条件，坚持匹配原则、充分利用原则、经济适用原则以及综合使用原则。评估内容包括篮球教学时间、篮球教学空间布局、篮球教学设施等。

二、篮球课程有效教学方案的设计

有效教学方案设计指的是以提高教学有效性为目的，运用系统方法，分析教学目标，创造合理有效的教学环境和学习环境，确定解决教学问题的策略、评价教学结果的方法并形成系统方案的过程。有效教学方案设计的基本要素包括学习者、目标内容、教学策略、教学评价，它们的核心含义分别是谁学习（who）、学什么（what）、用什么策略学（which）、学习效果如何（what），如图4–4所示。

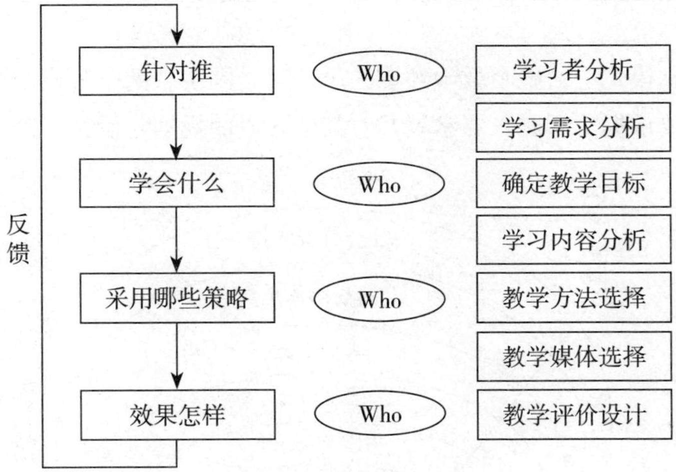

图4-4 有效教学方案设计的要素[①]

（一）篮球课程有效教学方案设计模式

有效篮球课程教学活动方案设计的常见模式如下。

1. 乔纳森模式

如图4–5所示，乔纳森模式主要包括6个基本要素，每个要素对应不同的教学环节。

① 陈晓端，张立昌.有效教学[M].北京：高等教育出版社，2015.

表4-1 乔纳森教学设计模式的基本要素

基本要素	教学环节
问题	确定学习主题
相关实例	创设教学情境
信息资源	设计信息资源
认知工具	自主学习设计
会话与协作工具	设计协作学习环境
社会背景支持	获取环境条件支持

乔纳森模式中，整个教学环境的设计都是围绕“问题”这个核心要素进行的，主要依据“问题”要素展开对其他要素的规划与设计。

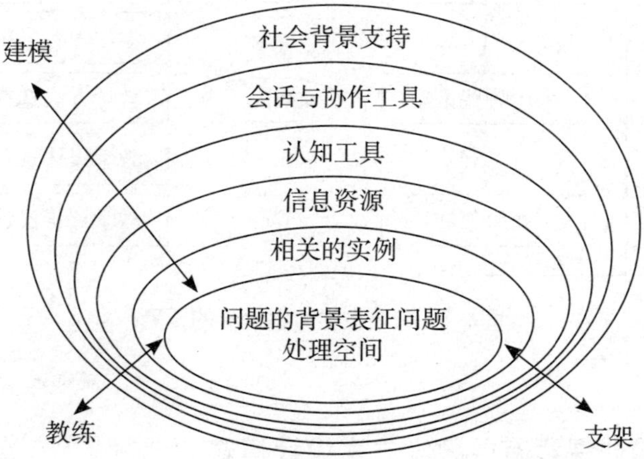

图4-5 乔纳森模式[①]

2. 迪克·凯瑞模式

迪克·凯瑞模式是非常经典的教学设计模式之一，该模式从编写教学

① 杜俊娟.体育教学设计[M].北京：北京体育大学出版社，2007.

目标到总结性评价构成了完整的设计过程。该模式十分注重对教学评价的设计，并依据教学需求将整个教学设计过程划分为9个环节，如图4-6所示。我们可以将这些环节归纳为确立教学目标、选择教学策略和实施教学评价三个大步骤。

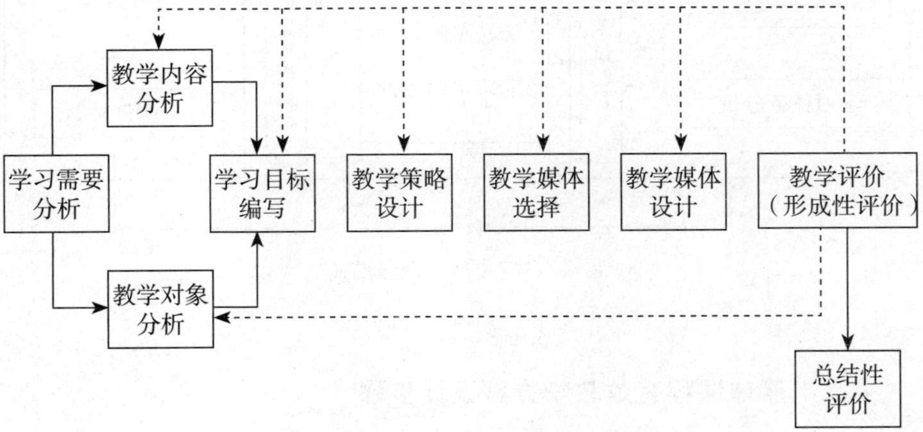

图4-6 迪克·凯瑞模式[①]

3. 史密斯·瑞根模式

史密斯·瑞根教学设计模式如图4-7所示，其最大特点是注重教学策略的选择和设计，该模式强调教学设计中应重点设计以下策略。

（1）教学组织策略。

（2）教学内容策略。

（3）教学方法策略。

（4）教学资源管理策略。

① 杜俊娟.体育教学设计[M].北京：北京体育大学出版社，2007.

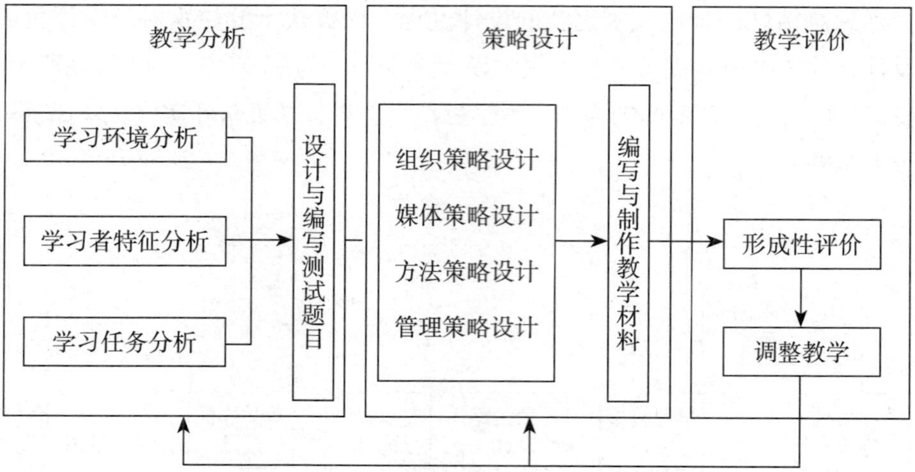

图4-7 史密斯·瑞根模式[①]

（二）篮球课程有效教学方案设计步骤

1. 分析学习者

设计有效教学方案，第一步是分析学习者，包括分析学习者的一般特征、初始状态和学习风格。

2. 陈述教学目标

陈述教学目标涉及教学对象、教学行为、教学条件以及教学程度四个要素。要明确指出篮球教学目标的行为主体——学习者；说明学生在篮球教学活动中应获得怎样的学习结果；描述学生在产生学习结果时所处的情境；描述学生在教学结束后行为发生变化的最低程度标准。

3. 选择教学方法、媒体和材料

依据篮球教学目标选择教学方法，然后选择相配套的媒体形式，再按特定媒体形式选择或设计教学材料。

4. 使用媒体材料

使用媒体材料的步骤：预览媒体材料→准备教学材料→准备教学环境→

① 杜俊娟.体育教学设计[M].北京：北京体育大学出版社，2007.

学生做好准备→提供学习体验。

5. 要求学习者参与

引导学生积极参与学习，在适宜的教学环境中提高学生的篮球认知能力，这才是有效学习。学生的学习参与形式包括个体参与、小组参与和班级参与。

6. 评价与修正

评价与修正的内容如下。

第一，设想与规划评判是否有效完成教学活动、学生是否达到预期学习目标的方法与标准。

第二，判断有效教学设计方案本身的合理性和有效性，并予以补充和完善。

三、篮球课程有效教学的课堂环境管理

（一）创建有效的课堂物理环境

课堂物理环境指的是影响课堂教学活动的物质性因素及其安排。物理环境能够为篮球课堂教学提供物质性背景、支持条件等。课堂教学物理环境的主要内容包括班级学生数量、座位安排、教学资料与设备的摆放、教室环境布置等。创建课堂物理环境要求能够为篮球教学的顺利开展提供便利，方便师生互动交流，能够给学生带来舒适、安全感，避免因设备摆放不合理而导致学生受伤。

（二）营造良好的课堂心理环境

课堂心理环境指的是影响学生在课堂上学习的心理气氛，良好的课堂心理环境需要师生的共同营造。心理环境是影响篮球教学效果的隐性因素，先影响学生的心理状态，进而影响教学活动与效果。创设良好的课堂心理环境，其标准是课堂心理环境自在安全、让人感到和谐、有吸引力和魅力。

营造良好的课堂心理环境要求建立科学、民主的课堂管理制度；培养学生的主人翁意识和关怀意识；建立平等、和谐的人际关系。

四、篮球课程有效教学的效果评价

（一）自主性评价

自主性评价是有效教学评价的一种策略，能够充分激发学生的自主学习意识。在篮球教学中，篮球教师要给学生提供自主评价的机会，使学生真正成为评价的主体，行使评价的权利，通过评价主动认识自己、完善自己。在学生自主评价中，教师应该激发学生评价的兴趣，善于倾听，充分尊重和理解学生，还要培养学生的评价意识与能力，有效引导学生进行自主评价，使学生明确评价的方向，掌握评价的方法和要领。

（二）激励性评价

激励性评价也是有效教学评价的一项重要策略，该策略有助于激发学生的学习兴趣，帮助学生正确认识自我。采取激励性评价策略需要正确激发学生的学习动机，善于运用肯定和奖励的评价方法，建立民主、平等、和谐的师生关系。

（三）多元化评价

多元化评价策略指的是整合各种评价主体，采用多种评价方法来全方位评价学生的学习进展与行为变化，多元化评价策略的实施方式包括纸笔测试与表现性评价的结合、自主评价与外部评价相结合、定性评价与定量评价相结合、过程性评价与总结性评价相结合。这些方法既相互独立，又相互渗透和补充，这些评价方法的关系如图4–8所示。

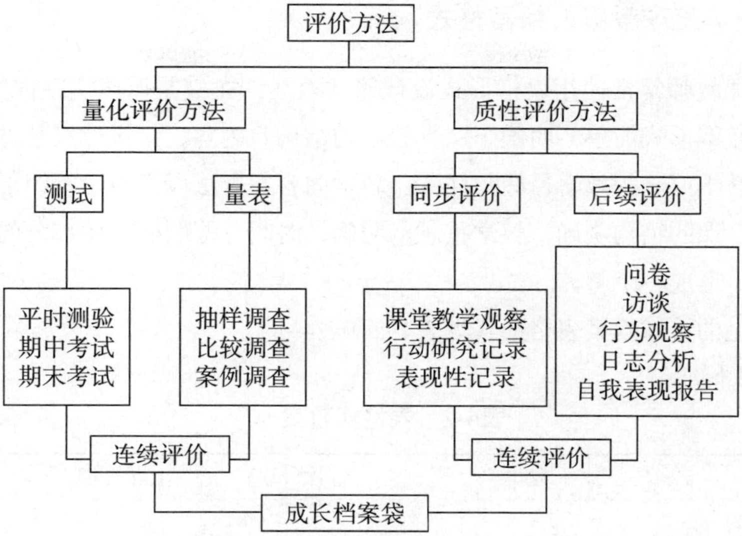

图4-8　多元评价方法体系①

第三节　有效教学视角下高校篮球教学课的组织与实施

一、高校篮球教学课的教案制定

篮球课教案也就是篮球课时计划，这是非常重要的篮球教学文件，是篮球教师开展与实施课堂教学的重要依据。教案是备课的成果，教案中有关于课堂教学组织实施方法与过程的内容，这是非常重要的教学信息。

① 杨雪芹.体育教学设计[M].桂林：广西师范大学出版社，2008.

（一）篮球教案的编写格式

篮球教师常常使用表格形式设计篮球教案，尤其是篮球实践课的教案，表格式教案形式简单，明确了课堂教学的结构、内容、组织形式与方法，而且不同教学部分的教学目标与任务、教学内容与方法以及教学组织形式是相对应的。课的结构明确，教学重难点明确，时间分配明确，各部分的教学连贯衔接，形成一个整体。

常见的篮球教案表格形式见表4–2和表4–3。

表4-2 表格式教案一[①]

班级		人数		课次		上课日期	
教学内容							
教学任务						课的类型	
课堂结构	时间分配						
准备部分							
基本部分							
结束部分							
器材与设备				运动负荷曲线			
课后小结							

表4-3 表格式教案二[②]

班级	人数		课次		上课日期
教学内容			教学目标、任务		
课的结构	时间	授课内容	组织工作	教学步骤	常见问题与处理

① 张亚辉，王成军，杨君伟.实用篮球教学理论与方法[M].西安：西安地图出版社，2007.

② 张亚辉，王成军，杨君伟.实用篮球教学理论与方法[M].西安：西安地图出版社，2007.

（二）篮球教案的编写要求

1. 准确提出教学任务

篮球教师在备课和设计教案时，必须明确这节课的教学目标，要依据教学目标而确定教学任务，教学任务必须是具体的，可完成的，是能够对教学效果和教学目标的达成程度进行检验的。教学任务的用词必须严谨、具体，不能抽象概括，如将“掌握篮球技术”的教学任务改为“初步掌握篮球技术或基本掌握篮球技术”，将运用篮球技能改为“初步运用篮球技能或熟练运用篮球技能”，要根据教学对象的实际情况而确定“初步”“基本”“熟练”等程度词汇。

2. 正确选用教学方法

篮球教师在不同教学阶段都要从众多教学方法中挑选适宜的教学方法，选择教法时教学目标与任务、教学条件、教师能力、教学内容等都是必须参考的重要依据。为满足教学需要和提高教学的趣味性，教师往往要采用多个教学方法，但因为课时有限，所以要有侧重地实施各种教法，充分发挥不同教学方法的价值与作用。

3. 合理安排负荷

篮球实践课上学生的练习活动占用了大量时间，学生的练习效果及实践课的教学效果与运动负荷密切相关，因此安排运动负荷很重要。篮球教师要循序渐进安排运动负荷，通过改变运动量、练习时间、练习强度、练习密度、练习难度等要素来调整运动负荷，旨在促进学生通过有效练习而熟练掌握与运用篮球技战术。

4. 前后课次合理衔接

设计一节课的教学计划，要参考前一节课的计划内容，并设想下节课的教学计划，不仅相邻课次要紧密衔接，各个单元的教学也要密切联系，避免学生学习新知识就忘了旧知识，要促进学生实现知识与技能的正向迁移，达到温故知新的学习效果，从而提高学习效率和学习水平，达到有效学习的良好效果。

二、高校篮球教学课的组织形式与实施要点

（一）篮球教学课的组织形式

在新课程改革理念下，高校篮球教学课可分为以下几种形式。

1. 理论课

篮球理论课是通过讲授的方法，向学生传授篮球运动的基本理论和方法。

2. 实践课

篮球实践课是以实际操作为基本手段的课程，包括体能课、技战术课、训练课、比赛课等，学生通过大量的练习掌握篮球技术、战术，增强体能，提升实战能力。

3. 观摩讨论课

篮球观摩讨论课是组织学生观察教学训练课，然后各个学习小组自由讨论，从而培养学生分析和解决问题的能力。

4. 实习课

篮球实习课是为学生提供执教、执训及执裁的机会，使学生体验不同的角色，培养学生的实践能力，提高学生的篮球综合素养。

上述几种组织形式中，理论课与实践课形式最为常见，相对更加重要，下面重点分析这两类课型的组织与实施方法。

（二）篮球理论课组织与实施

篮球理论课的课时虽然没有实践课的课时多，但理论教学依然很重要，不能忽视。大学生学习与掌握篮球技战术，参与篮球训练和比赛，都离不开基础理论知识的指导，理论知识扎实的学生在实践课上的学习效率更高，更容易理解各项技战术的含义与意图。所以篮球理论课教学至关重要。

篮球理论课以集体教学的形式组织与实施，全班学生坐在教室里，教师在讲台上用PPT授课，主要教学方法是语言法，具体形式有讲解、讨论、提问、答疑等。教师系统地讲授篮球理论知识，使学生形成对篮球运动的感性认识，然后逐渐向理论层面发展，进而指导学生对篮球技战术的学习，提高

学生的实战技能水平。

讲授篮球基础知识是篮球理论课教学的一部分，除此之外还要开展素质教育，培养学生的集体主义精神、意志品质、爱国主义精神等，以促进学生综合发展。

篮球理论知识相对较为枯燥，为调动学生的学习兴趣，教师要采取有趣的方式开展教学过程，如采用情境教学法启发学生思考，安排学习小组共同讨论与解决问题等。

（三）篮球实践课组织与实施

篮球实践课教学分三部分展开，第一部分是准备部分，也是热身部分，第二部分是基本部分，是整节课的重要部分，第三部分是结束部分，也是放松整理部分。

上述每个部分的教学目标与任务、教学内容和组织方式都各有差异和侧重，时间长短也不同。这几个部分既相对独立，又密切联系，不能将它们完全割裂开，要注意内在逻辑联系，紧密衔接，以提高整体教学效率。

表4-4　篮球实践组织实施[①]

	准备部分	基本部分	结束部分
教学目的	使学生身心进入学习状态，为正式学习做好准备	使学生掌握、提高篮球技能，增强体质，锻炼意志力	有序结束本节课
教学任务	（1）明确说明本节课的教学目标、任务 （2）组织学生做好热身准备	（1）根据教案安排各项技战术的教学 （2）将体能练习和心智能的培养融入技战术教学中	（1）使学生身心恢复到运动前状态 （2）总结本节课的教学内容和教学重难点 （3）了解学生的收获和不足

① 陈钧，郭永波，杨改生.篮球理论教学概论：运动系专修[M].北京：北京体育大学出版社，2007.

续表

	准备部分	基本部分	结束部分
教学内容	（1）整队，考勤、检查学生的服装 （2）讲解本课教学目标、内容、要求 （3）布置学习任务 （4）带领学生做走跑、拉伸练习 （5）组织简单的球类游戏	（1）围绕教学目标与任务及教学内容而选用教学方法 （2）教师不断讲解、示范，学生自主练习，教师指导与纠错，提高学生篮球技能	（1）中小强度练习，如慢跑、投篮、放松按摩等 （2）小结与评价 （3）布置作业 （4）说明下节课的教学内容及需要学生准备的事项
组织实施	集体热身练习	（1）集体教学或分组教学 （2）先教新内容，再复习旧内容或先复习旧内容，然后将新内容引入，注意新旧学习内容的内在联系 （3）实施教学方法要注意不同方法之间的联系，循序渐进展开教学，逐渐增加练习的数量和难度 （4）教师通过改变练习形式、增减练习次数等方式调整练习强度 （5）在基本部分结束前安排教学比赛或身体练习	（1）集体形式 （2）小结与评课时要求队伍整齐 （3）既要表扬，也要批评，准确、恰当、全面地评价 （4）着重指出学生的普遍问题，并提出纠正方法
时间	15～20分钟	75～80分钟	5分钟

第五章

多元教育理念下高校篮球教学理念的贯彻与应用研究

高校篮球的发展离不开教学理念的贯彻与应用。如今，我国各高校在开展篮球教学的过程中涌现出了许多新颖的教学理念，其中，最常见、最具影响力的教学理念包括“以人为本”教学理念、“健康第一”教学理念、“终身体育”教学理念。“以人为本，健康第一”是体育课程改革的出发点和落脚点，“终身体育”是我国开展素质教育的重要指导思想，这些教学理念的贯彻与应用促进了高校篮球教学体系的完善。在现代高校篮球的教学实践中，应该贯彻相关教学理念，突出篮球教学的时代特征。

第一节 “以人为本”教学理念的贯彻与应用

一、“以人为本”教学理念

（一）“以人为本”教学理念的提出

短短数十年，社会在经济、政治、科学技术等方面得到了快速的发展，其发展速度之快令人瞠目结舌。然而，从教育角度看社会发展则相对缓慢。纵使教学技术手段不断变化，人的思想观念、社会经济基础也与之前有所不同，但是两千多年前教育的基本元素在如今仍延续着。

自人类出现教育这一神圣的活动以来，人们便不断追问教育的功能到底是什么。不同的人给出了不同的答案，有的人认为教育是为了建国君民、明人伦，有的人则认为教育是为了培养君子、圣人等。然而，经过历史的检验，教育的最终归向与终极价值是创造人类的幸福。法国哲学家孔多塞道：“人类精神在解脱了所有这些枷锁、摆脱了偶然性的王国以及人类进步之敌的王国以后，就迈着坚定的步伐在真理、德行和幸福的大道上前进。”[①]

在文艺复兴时期首次出现了以人为本的教育思想，一些教育家极力反对宗教对人性的压制，反对禁欲主义与蒙昧主义，高举人文大旗，歌颂人的力量、人的美德、人的理想，呼唤人意识的觉醒，提出教育应该做到以人为本，使人感受到幸福。文艺复兴是地球上的一次伟大的革命。启蒙运动时期，出现了众多著名的思想家、教育家，如卢梭、孟德斯鸠等，他们继承了以人为本的思想，主张人人自由平等。随后，康德吸收了前人的成果，提出了“人应以自身为目的”的人本思想，并将此思想与教育思想相结合。从此，人本主义的教育理念在各个西方国家得到充分的发展。

我国长期以来处于社会本位，忽视个人的发展、个人的价值、个人的

---

① 孔多塞.人类精神进步史表纲要[M].北京：生活·读书·新知三联店，1998.05.

主体性。20世纪80年代，我国全面开展教育体制改革，其主要目标是促进人身心健康全面发展，复兴中华民族。2003年，中共十六届三中全会在北京召开，在会上提出："坚持以人为本，树立全面、协调、可持续的发展观，促进经济社会和人的全面发展。"[①]这一理念的提出，为我国教育的改革与发展指明了方向。当下，中国教育面临的困境是如何通过教育实现人的幸福。解决之道就是使教育向以人为本的方向转变，将整个人生追求的幸福作为教育追求的目标。

（二）"以人为本"教学理念的内涵

1. 以人为本不同于个人本位

长期以来，在教育价值观方面，社会本位与个人本位争论不休。以社会为本强调人是社会中的一员，具有社会性，需要承担应有的责任与义务，集体和社会高于个人，个人的价值体现在对集体的贡献之中；以人为本则强调人是一个活生生的个体，人和人性居于首位，人的价值高于社会价值，社会应该为人的发展提供适宜的条件。

新时期我国进行了教育体制改革，提倡以人为本。"以人为本"的教学理念重视人的发展，将人的全面发展看作教育的终极目标。人是教育的出发点、中心，亦是教育的最终归宿。教育是以人为根本的活动。现代教育的发展要求时刻贯彻"以人为本"的理念，重视人的自由、幸福、全面发展和终极价值。

我国提倡的以人为本不同于与社会本位相对立的个人本位，而是强调要正确认识、处理好个人与社会的关系，使个人发展与社会发展相互促进。一方面，人是社会中的人，处于各种复杂的社会关系之中，人不可能脱离社会独立存在，人的发展必然受到社会发展水平的制约。另一方面，社会是人的社会，具备属人性。整个社会的发展以个人的发展为前提，只有每个人都得到不同程度的发展，完成自我实现，社会才有可能发展。因此，人的发展与社会的发展是辩证统一的，不能将个人与社会简单地对立起来。

---

① 徐璞英.坚持以人为本，树立全面、协调、可持续的发展观[J].当代社科视野，2003.

总而言之，教育应该要做到以人为本，教育的永恒主题是人的发展。但在促进个人发展的同时，不能忽略社会的需要和社会的发展。

2. 以人为本不能陷入人类中心主义

人类中心主义认为人是万物的主宰，控制着包括自然界在内的一切。在古代，人的能力有限，人在大自然面前显得不堪一击，只能听从命运的安排，顺应自然。但随着科学技术的进步，人们找到了一些控制自然的方法与手段，萌生了征服自然的念头。笛卡尔早在17世纪就发出了“我思故我在”的感慨，开创了主体性形而上学的思维方式和人类中心主义的先河。从文艺复兴时期开始，衡量事物的意义和价值开始以人的存在与发展为标准。随着科学技术的进一步发展，唯人类中心的思想逐渐盛行。甚至有哲学家呼吁建立人统治万物的帝国。唯中心主义使人与自然对立起来，人类对自然毫无敬畏之心，肆无忌惮地开采自然资源，使生态环境遭到破坏。大自然也对人类进行了惩罚，使人类赖以生存的家园环境进一步恶化。

“以人为本”强调人不是万物的主宰，人是存在的看护者。教育不能鼓吹人类中心主义，以人为本需要我们正确认识和把握自然规律，做到与自然和谐相处。人与自然是共生的，人类只有通过教育，才能逐渐树立起保护自然的意识，珍惜自然资源。

3. 以人为本应该以具体的人为本

传统教育中只存在抽象的人，忽视对具体的人的培养。教育者着重培养人的共性（即真、善、美），对人的多样性、差异性视而不见。《教育、知识和关于存在的问题》一文中曾有如下记载：“在众多领域的课程中，我们发现了被教育者之间的个性差异。而在实际的教育工作中，教育者磨平了他们的个性，使个性受到了侵害。”传统教育中的学校就像是一个工厂，教育统一采取相同的模式，按照标准模式塑造人，使具体生动的个性消失不见。

现实世界中的人是具体的人，他们有自己丰富的情感、欲望、理想、智慧、道德，每个人都是独一无二的个体。采用同一种教学模式是不可能使每个人得到充分的发展的。教育要承认、尊重个体差异的存在，为每个人提供发展的环境与机会，使所有人都能从教育中获益，在不断接受教育的过程中，实现自我的价值。

4. 以人为本使教育回归人的生活

长期以来，教育远离多姿多彩的生活世界，仅存在于抽象的科学理性世界之中。过度强调人的理性，使人缺乏共情能力和丰富的情感。人用客观、冷静甚至有些漠然的思维方式分析外部世界，似乎外部世界对人只剩下功利的价值。人陷入了精神上的空虚，科学、技术、理性在一定程度上将人奴役，成为人类的统治者。对科学技术、理性的盲目崇拜让人们远离了生活世界，使人的情感世界变得荒芜。

教育源于生活，本应该与生活世界融为一体。在制度化教育体制面前，人显得渺小，教育教学脱离了生活。教育不应该局限于科学世界中，只有抽象的概念、命题、符号和没有温度的公式，教育需要回归生活，重拾生活的意义。生活世界是感性的、丰富的、鲜活的，只有在生活世界的滋养下，人才能在理智、情感等多方面实现长足的发展。现代教育应该帮助人完成自我实现、自我理解、自我确认，突破僵硬的教育教学模式。而人本教育遵从用生活进行教育的原则，使教学的内容、形式、方法更加丰富，建立起生活本位的课程，注重学生在教育教学活动中的体验。

（三）“以人为本”教学理念中的两种关系

在教育中做到以人为本，就是承认学生在教学过程中的主体地位。要想贯彻“以人为本”的教学理念就必须处理好以下两种关系。

1. 学生与知识的关系

人们普遍认为面对知识，面对客观事物，人是主体。但实际上，人常常被知识操控、支配。长久以来，人们认为存在永恒的真理，真理具有权威性、普适性，客观存在，不可推翻，不可违背。书本中，真理被分门别类的系统组织起来。教师成为真理的教授者，从不考虑学生的需要、学生的发展、学生的兴趣，单单灌输所谓的“真理”。学生被知识操控着。

然而，随着时代的发展，知识的不断更新，曾经被视为“真理”的东西似乎不复存在了。后现代主义的知识观认为，世间不存在永恒不变的真理，知识是相对的、生成的，人类只能无限地接近真理，处于不断追求真理的过程之中。从此，真理被拉下神坛，学生逐渐在学习过程中找回自己的主体地位，开始批判与创新。

2. 学生与教师的关系

传统教育中，学生被教师统治，包含在教师的主体性活动之中。教师对进行的教育实际上是一种简单的训练、征服的活动。在现代教育中，学生应该成为教学活动中的主体，充分发挥自身的自主性和创造性。

学生不是"自我主体"，而应该是自主的主体。"自我主体"简单地以个人意愿为标准，衡量自己与他人、与周围世界的关系。"自我主体"中的他人仅仅是外在的客体，是实现自己目的的工具。学生若深陷"自我主体"之中，就扮演了传统教育中教师的角色，割裂了自己与他人的关系。人在社会关系中必定会遭到自我主体的抵制，这时，必须超越强调个体地位的自我主体，转向关注于关系中的个体，逐渐走向"交互主体"。"交互主体"注意人与人之间的关系，用"我与你"的方式看待问题，赋予每个人自身存在的价值和意义，使人与人之间彼此信任，彼此了解，都成为主体。

学生与教师之间的关系应该由"自我主体"转向"交互主体"。教师不再是高高在上的领队，而是用自己的人格获取学生的尊重与信任，使学生敞开心扉。教师不再单方向地向学生灌输"真理"，而是与学生一起成为知识的建构者，探索广阔的世界。教师与学生之间人格独立、平等，师生能够在精神的对话中达成共识，构建和谐的师生关系，相互支持，共同进步。

教师为帮助学生实现人生使命而教，养成个性而教，追求真理做真人而教。教师为学生创造更加自由的教学环境，使学生在教学活动中保持清醒的状态，探索适合自己的学习方法，利用有限的教育资源，处理好外界环境同自身的关系，寻找自己的人生目标，做最好的自己。人本教育也确立了学生自主学习的权利，要求学习主体为自己负责。

（四）"以人为本"在体育教学中的具体表现

在21世纪，要想实现人的全面发展，拥有健康的体魄是一个重要的基础。在体育教学中要时刻贯彻"以人为本"的教育理念，这不仅是体育教育改革的基本要求，也顺应了人类社会的可持续发展。

学生作为体育教学的对象，拥有自我价值，体育教学工作者应该首先做到尊重学生的个性、人权和自我价值。其次，应该充分关注学生的个性发展，使学生在训练过程中充分展示自我，释放能量，培养身心健康的素质。

需要强调的是，无论教学手段如何发展，教育工作者都要重视面对面的教育，注重与学生之间的交流与沟通。

在体育教学中，“以人为本”的发展观主要体现在以下几个方面。

（1）体育教学工作者充分肯定学生的人性，对学生的能力持积极乐观的态度，锻炼学生的身心，帮助学生拥有健康的体魄、过硬的身体素质、心理素质，达到身心的和谐统一。

（2）在开展具体的体育教学活动时，体育教学工作者做到始终以学生为主体，尊重学生的基本权利，促进学生的人格发展。

（3）体育教学工作者把握每位学生的个人特点，尊重不同学生之间的差异，做到因材施教，不断帮助学生完善自我，实现自我价值。

（4）充分调动学生的学习积极性，发挥主体的能动性，鼓励学生参与体育锻炼。

（5）擅于发现和捕捉学生的进步，增强学生的自信心，从而取得更大的进步。

二、“以人为本”教学理念在高校篮球教学中的贯彻与应用

在高校篮球教学中，人作为技术的实施者，毫无疑问是教育教学活动的主体。篮球教学重视发展学生的外在行动力和内在动力，内在动力引导着学生的外在行动力。在篮球的训练过程中，教育工作者强调人文操作，维护公平竞争的体育环境，弘扬体育道德，培养人性，不断发掘人的潜能。除此之外，篮球教学工作者在情感、责任感、信念等多方面贯彻“以人为本”的教学理念，促进学生的体能发展。

（一）构建平等和谐的师生关系

体育教育教学需要立足于维护学生的权益、尊重学生的人格、关爱学生的生命。体育教师应充分尊重学生之间的个体差异，和学生建立起平等和谐的关系。在师生关系的构建中，真诚的鼓励发挥着十分重要的作用。大多数体育教师利用鼓励这一有效武器改善与增进师生关系，营造民主、和谐、轻

松、欢快的教学氛围。学生在这种氛围中，能够更积极地与学生和老师进行沟通，获取丰富的知识和更多成功的体验，并在不断的交流和体验中，树立自信，取得进步。

在篮球课课堂教学中，教师需要把握合适的时机，用鼓励的话语激励学生。例如，在学生没能掌握三步上篮技巧时，教师切忌嘲讽学生，质疑学生的能力，相反，教师应该以激情式的话语给学生鼓励，安慰学生，使学生变得更勇敢、乐观，有不断挑战自我，不达胜利绝不罢休的勇气。

（二）宽容地对待学生

学生之间存在着个体差异，在体育方面，体质状况、智力水平有明显的不同。体育教学需要促进学生的成长，帮助学生在原有水平上充分发挥自身潜能。

体育教师不应自以为是地将学生进行等级划分，武断地将一些学生看作是差生，对学生区别对待。体育教师可以重点关注基础较差、学习吃力的学生，对他们更加有耐心和宽容，帮助他们找到自己的症结所在，改正自身的缺点。每位学生都有成功和进步的愿望，尽管基础差，学习速度慢，但只要教师找到适合学生的教育方法，对学生进行兴趣培养，就很有可能让孩子“开窍”，顺利赶上其他学生。

除此之外，在课堂教学中，要做到一视同仁，不仅仅关注学生的体育成绩，更注重对学生篮球体育运动兴趣和自信心的培养。对于不服管教、调皮捣蛋的学生，教师一方面需要有一定的责任心、包容心，宽容地对待他们，另一方面需要对他们严加看管，在扰乱课堂纪律，妨碍教学活动时采取适当的惩罚措施，使学生意识到自身错误。惩罚措施的选择与制定体现着老师的个人智慧，不近人情的惩罚会使学生产生抵抗、畏惧的心理，还有可能损伤孩子较强的自尊心，十分不利于孩子纠正自身的错误。教师需要做到严而有度、严而有方、严而有情，在情感上理解孩子所犯的错误，多下功夫，采用各种手段帮助孩子充分意识到自己的错误，引发其内省，促进其自觉改正错误，实现自我更好的发展。

（三）采用灵活多样的教学形式

体育教师应采用灵活多样的教学形式组织教学，使学生在情感上、行动上乐于参与体育活动与学习。例如，在进行篮球技术的讲解过程中，过于专业的技术讲解和反复的专项训练会使学生感到无聊与疲惫，体育教师可以在多次训练的间隙安排篮球小游戏或请同学进行篮球表演，充分调动学生的积极性。

（四）客观评价学生表现

体育教师应全面客观地开展体育教学的评价工作，客观评估学生体育学习的情况，评价内容一般涉及平时表现、素质达标、技战术运用等多方面的内容。体育教师需要采取多种评价方式对个人水平存在差异的学生进行评估，而不是单单关注学生在学期末的体育测验成绩。若仅将期末的体测成绩作为评价学生体育水平的方式，会使能力相对较差但平时训练十分努力的学生丧失信心，使能力较强但平时训练不用心的学生骄傲自满，这种单一的评价方式不能反映学生在学习中的真实锻炼情况。

教师开展体育教学的评价工作需要从“以人文本”的教学理念出发，重视学生的全面发展，通过对学生参与体育学科的态度、实际的锻炼情况、篮球技能的掌握等多方面的了解，有针对性地调整教学的方案和教学的计划，使教学活动更符合学生的现实状况，做到真真正正地为学生服务。

第二节 “健康第一”教学理念的贯彻与应用

一、“健康第一”教学理念

（一）“健康第一”理念的起源与演变

1. “健康第一”理念的相关起源

毛泽东曾在1987年提出“健康第一”的说法。此理念的提出有助于增强我国国民体质，改善青少年的身体素质，促进青少年的体质发展。

随后，在《中共中央国务院关于深化改革、全面推行素质教育的决定》中曾指出：健康的体魄是青少年为祖国人民服务的基本前提，是中华民族旺盛生命力的体现。“健康第一”是国家在关于推进素质教育不断深化教育改革的决议中明确提出的指导思想。①

21世纪初，在第八次课改的《课程标准》中提到要坚持“健康第一”的指导思想，促进学生健康成长。

2. 从“健康”到“健康第一”的演变

其演变过程经历了两个阶段。第一阶段针对于学生发病率过高的情况，专指医学上的健康。随着经济的快速发展，学生的发病率逐渐降低，对于健康的关注点也发生了变化。第二阶段主要针对于学生的体质健康，包括体能、耐力等。

（1）医学上的“健康”。近代中国饱受战争的摧残，新中国成立后，国民的体质很差，许多人在战乱中生病，甚至身体残疾，无法进行正常的生活和劳作。在此时代背景下，毛泽东提出从“健康”过渡到“健康第一”的理念。

（2）学生身体素质主导的“健康第一”。随着21世纪的到来，国民的生活水平和生活质量大幅提升，学生们较少受到严重疾病、营养不良等问题的困扰，但许多学生患上了近视、肥胖症等，学生的体质较差。为了增强广大学生的体质，中央国务院颁布了《学生体质健康标准》，强调“健康第一”的理念。

（二）“健康第一”教学理念的具体内涵

“健康第一”的教学理念中包含着丰富的内涵，其主要涉及以下几方面内容。

1. 注重实践功能，反对形式主义

“健康第一”教学理念下的体育课堂不是“唱高调”的形式主义课堂，

---

① 孔硕.“健康第一”指导思想下的学校体育改革[J].时代教育，2015，(23)：26.

而是对学生有实际价值的课堂。要想改变现状，必须强化体育课堂的实践功能，真正将学生的体质健康、心理健康、社会适应能力放在首位。采取多种有效手段使学生掌握体育基本理论知识、实践技能，具有主人公意识，积极主动参与体育锻炼，进行自我学习，养成良好的行为习惯。

2. 强调身体健康的重要性

“健康第一”理念中提到的健康不仅包括身体健康，还包括精神健康、心灵健康、智力健康、良好的社会适应能力等。在多维度的健康观中，身体健康是健康的基础，只有首先保证身体健康，其他方面才得以顺利、健康地发展。

3. 进行多元健康发展的素质教育

什么是好的教育？好的学校？好的教师？好的课堂？好的教育不能够仅仅提留在提高学生的升学率和文化课成绩上，更需要看学生的发展，看教师的发展。而学生、教师的发展需要有健康作为保障。

各高校应在“健康第一”教学理念的指导下，进行多元健康发展的素质教育，摆脱长期以来学校只关注学生成绩的不良现象。构建多元教育评价制度，培养学生的学习兴趣。在日常的体育教学工作中，重视学生的身体健康，促进学生健康成长。

（三）贯彻“健康第一”教学理念的必要性

1. 有助于消除人们对体育的误解，提升体育在学校教学中的地位

我国学校体育以“健康第一”作为指导思想是对国家号召的响应，但同时也暴露出很多问题：“健康第一”在学校体育中地位越来越重，而被学校本身的教育背景所侵占。[①]我国的学校体育教学受传统教育、旧大纲片面强调“增强学生体质”的影响，过于注重教授技术、技能，体育教学在实施过程中出现了诸多问题。许多学生认为体育课上学习到的知识没有用处，妨碍其进行文化课的学习，对于考大学没有丝毫帮助，是不务正业。在这种观念的影响下，文化课老师和部分学生家长对体育课的开设与实施持否定和怀疑

① 崔娟.“健康第一”教育理念下的体育与健康教学定位分析[J].产业与科技论坛，2021.

的态度。导致很多学校在一个学期内开设的体育课时数量极其有限，学生严重缺乏适当的体育锻炼。

倡导“健康第一”的理念打破了一部分学生家长的偏激看法，让学生有强健的体魄保证学习的正常进行，有积极乐观的心态看待学习中遇到的难题，培养高尚的人生观、价值观。与此同时，通过体育运动培养学生的合作精神，提升自身的社会适应能力。

“健康第一”理念的提出有效提升了体育在学校教学中的地位。在常年应试教育的影响下，学校往往将大部分精力投入到语文、数学、英语等学科教学之中，学生承担了过多的学业压力，无暇顾及自己的身心健康，很少花时间进行体育锻炼。但“健康第一”理念提出后，许多学校为了顺应“健康第一”的号召，开展了“每天一小时体育活动”，不仅为学生“减压”，而且在一定程度上使学生重视体育教学活动，改善了学生的健康面貌。

2. 有助于增强学生体质，改善学生体质健康状况整体下滑的情况

根据统计结果显示，近年来，学生承受过量的学业压力，体质健康状况呈现整体下滑的趋势。新课程标准中倡导的“健康第一”的指导思想贯彻了人道主义精神，强调关心学生健康的现实紧迫性，扭转了学校开展体育工作的被动局面。目前，以体育为突破口培养学生的各项能力已经成为体育教育改革的重点。

在大多数人的印象中，学校体育教学通常只是简单地集合、解散、集合、解散，完全没有具体的规划，不成体系。特别是一些竞赛活动，似乎只与专业的运动员有关，与学校里的普通学生毫无关系。但是“健康第一”教学理念的提出与确立，使广大师生开始注重增强体质，树立起提高身心健康的观念。

3. 有助于促进多方合作，强调体育健康对学生成长的关键作用

“健康第一”教学理念的落实促进了校方、家长、整个社会的通力配合，使社会各界了解了体育健康对学生成长的关键作用。校方需要与学生积极探讨体育教学的方法，开展学生感兴趣的体育活动。教师灵活制定教学计划，组织教学内容，实现教学目标。家长需要支持校方的体育改革举措，成为校方的“援助团”，妥善处理学生在体育课堂上喊苦喊累的情况、压缩学习文化课时间的情况。整个社会需要营造鼓励全民进行体育锻炼的氛围。校方、

家长、整个社会被捆绑在一起，在体育活动中、当代体育背景下一步步摸索，共同度过“破冰”的探索阶段。

4.有助于突出学生个性，促进学生的全面发展

全面发展不是指学生应该样样都会，而是指人的体力、智力得到充分的发展，实现人的和谐发展。“健康第一”理念的提出为“终身体育”做准备，有助于开发学生的运动潜能，让学生掌握随时开展体育锻炼的方法。例如，掌握基本的保健知识、伤病防治知识，了解不同运动项目的特点，熟知不同的训练场地等。人们具备各种基础知识有助于在日后选择适合自己的运动项目，时刻保持身体的健康。

二、“健康第一”教学理念在高校篮球教学中的贯彻与应用

“健康第一”指导思想基于健康概念的演化，力求从身体、心理、社会适应和道德等方面促进学生身心全面的健康。[①]高校篮球教学需要“健康第一”教学理念的指导，在课程中反复强调篮球运动训练与教学对学生身体技能和素质的有利影响。具体而言，“健康第一”教学理念在高校篮球教学中的贯彻与应用主要体现在以下几个方面。

（一）将技术教学与健康教育相结合

参与体育运动项目是学生参与体育运动的主要方式，具备良好的技战术水平能在很大程度上提升学生参与运动的积极性，有助于养成良好的运动习惯。

传统的体育教学单单注重运动技术的传授，忽视了基本的健康教育。但实际上，向学生传授健康知识必不可少，相比之下，健康教育的意义超过技术教学。学生只有具备了一定的健康知识、常见的锻炼方法，才能自主地科

① 辛利，刘娟.对学校体育“健康第一”指导思想的思考[J].体育学刊，2013.

学地开展体育锻炼，对自己的健康情况、日常训练效果进行客观的评价，最终收获好的训练效果。

现代篮球教学重点关注学生对健康知识、锻炼方法的掌握情况，培养学生的运动习惯。各高校在篮球运动教学过程中，不仅传授相关技术、战术知识，而且教授基本的健身知识和营养、卫生知识，加强篮球运动教学与健康保健的结合，以全面提高学生的体育能力。

体育教师需要在篮球教学实践中有意识地加强对学生基础知识的指导，包括营养和卫生知识、运动伤病的预防与治疗等。在日常教学活动的开展过程中，需要时刻注意学生的心理状况，在必要的时候对学生进行心理疏导、心理健康教育，促进学生的全面发展。在安排篮球课的课程内容时，需要注意控制好运动量，不要训练过度；重视对学生的指导与鼓励；适当组织篮球游戏与比赛；加强基础知识的教授与指导。

（二）培养学生的健康意识

学生只有具备健康意识，才有可能积极主动地参加体育运动。教师应该根据学生身心发展的规律、特点，结合本校的实际状况制定出有针对性的教学大纲，选择合适的篮球训练教材，组织好篮球教学与训练活动，在教学活动中培养学生的健康意识，促使学生自觉参加篮球运动。

（三）促进篮球教学与社会生活接轨

学校开展篮球训练一般会考虑场地、器材、教师情况、学生情况等各方面内容，但很少涉及学生在进入社会后的锻炼情况、运动项目的选择。一些集体运动项目（如排球、足球等）受到场地、人员的限制，不利于开展，导致许多学生在毕业后就很少参与相关集体运动项目了。

"健康第一"必须以学生为主体，强化体育项目为我所用的实际价值。对每个学生而言，生理、心理状况会不断发生变化，体育活动的内容与方法也会不断变化。学生在进入社会后能否保持体育锻炼的习惯，找到适宜的运动项目是体育教育工作者们需要重点关注的内容。

学校体育教育工作者需要放眼社会，多开设一些社会常见的、受欢迎的体育运动项目，为学生的终身体育创造条件。与此同时，在高校篮球教学中帮助学生寻找最擅长、最感兴趣的运动项目，帮助学生独立参与体育锻炼活动。

（四）通过身体锻炼增进学生的整体健康

学校体育与健康教育与竞技体育有着本质的不同。在过去，体育教育的目的是增强学生体质，而体育教师在教学过程中只注重“尖子生”的培养，对先天体质较差的学生缺乏关注，认为这些学生没有必要增强体质，对其进行不走心地“放养”。

课程改革后，新课程标准的指导思想发生了变化，体育教学的最终目的在于让每位学生拥有健康的体魄，养成健康的生活方式。在篮球教学的实施过程中，需要注重对学生思想品德的培养，让基础较好的学生以优带差，鼓励后进生积极参与篮球训练，克服心理障碍，享受体育运动带来的乐趣。

第三节　“终身体育”教学理念的贯彻与应用

一、“终身体育”教学理念

（一）“终身体育”教学理念的提出

“终身体育”这一概念产生于20世纪60年代，几乎与“终身教育”这一概念同时产生。

1960年，各国领导人在加拿大召开了“国际成人教育会议”，在会上首次涉及“终身教育”的问题。1965年，在国际成人教育促进会议上，教育专家将“终身教育”列为重要的议题。终身教育的基本性质包括两个方面：一是保障公共教育的教育机会，使人们的一生都能获得良好的成长与发展；二是重新设计和综合历来的教育，以便不仅为人们提供终身教育的机会，而且要使处于各年龄阶段的人们，能够在最适当的时期和场所，接受最适宜的教育。[①]

在终身教育的要求下，体育学科教育工作者制定了相关计划，强调体育在教育中的重要作用，使体育成为“终身教育”中不可分割的重要组成部分。

“终身体育”与“终身教育”两概念相伴而生，“终身体育”指人从出生到死亡整个阶段进行的体育教育的全过程，以正确的体育观、方法论指导人生各时期体育活动的实践过程。著名继续教育专家保尔·朗格朗曾说过：“应当更好地使体育和整个终身教育结合起来，把它从单纯的肌肉作用、从它与文化隔离的状态中解放出来，把它与智力的、道德的、艺术的、社交的和公民的生活等更紧密地结合起来。”[②]这一理念的提出，使得体育成为人们日常生活中不可或缺的一部分。

（二）“终身体育”体系的构成因素

“终身体育”教学理念是社会在发展过程中的必然产物，是社会中多种因素共同作用的结果。外部社会因素提出了终身体育的要求，内部主观因素为终身体育的贯彻与落实提供了理论基础，在内外因素的影响下，最终形成了复杂而又庞大的“终身体育”体系。“终身体育”体系主要由以下几个因素构成（图5-1）。

1. 人群

“终身体育”理念主要针对于广大师生、家长与管理人员。管理人员的工作是保证终身体育发展的前提，管理人员应该采取多种手段为广大师生提供训练场地与训练机会，满足他们的基本条件，使之能够参与体育锻炼，提升身心素质。

---

① 张争鸣.略论终身体育的几个理论问题[J].湖北体育科技，1987(03)：1-3.

② 张争鸣.略论终身体育的几个理论问题[J].湖北体育科技，1987(03)：1-3.

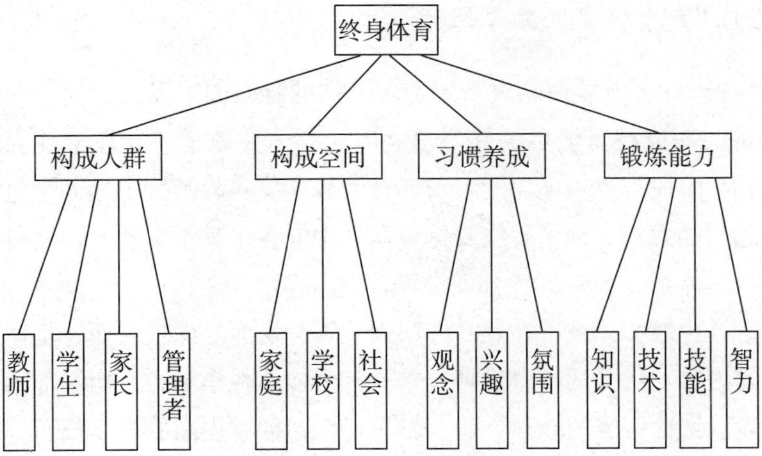

图5-1　“终身体育”体系的构成因素①

2. 空间

人类作为一种群居动物，离不开与外界的沟通，离不开家庭、学校、社会环境。家庭、学校、社会为个人提供了发展的空间，在一定程度上影响着个体终身体育锻炼习惯的养成。其中，个体在学校教育时期处于成长发育、习惯养成的关键期，若个体在学校体育教育中受到良好的教育与指导，会极大地促进个体身心健康发展，进而促进家庭与社会的发展。

3. 习惯养成

终身体育中包含习惯养成这一重要要素，习惯养成指体育观念、体育兴趣与体育氛围。培养体育观念，激发体育兴趣，营造体育氛围是实现终身体育的重要保障。

4. 锻炼能力

锻炼能力是终身体育的一个重要要素，锻炼能力要素中包含知识、技术、技能、智力等多项内容，是体现一个人身心品质的综合体。锻炼能力的提升需要选用适宜的训练方法、合理安排训练的时间、进行自我医疗监督与伤病防治等。只有做到以上几点，才能实现终身体育的目标，终身获益。

① 黄丽秋.终身体育思想的形成及教学引领研究[D].湖南师范大学，2014.

（三）“终身体育”教学体系

“终身体育”教学理念致力于实现人体的身心健康发展，使人自觉从事体育锻炼，养成终身锻炼的好习惯。因此，体育教学应存在于社会各个领域，在各个阶段都重视体育学习与体育锻炼。体育教师为了培养学生终身体育的观念与能力，必须了解终身体育体系中的各个教学要素，构建科学的终身体育教学体系（图5-2），合理设置教学内容。

终身体育教学体系中涉及身体层面、观念层面、课程层面、主体层面四大层面的内容。优秀的体育教师通常具有很强的教学能力，能够准确把握学生的特点，选择恰当的教学方法、教学目标，拥有很高的教学技巧，能够在课堂上充分调动课堂气氛。

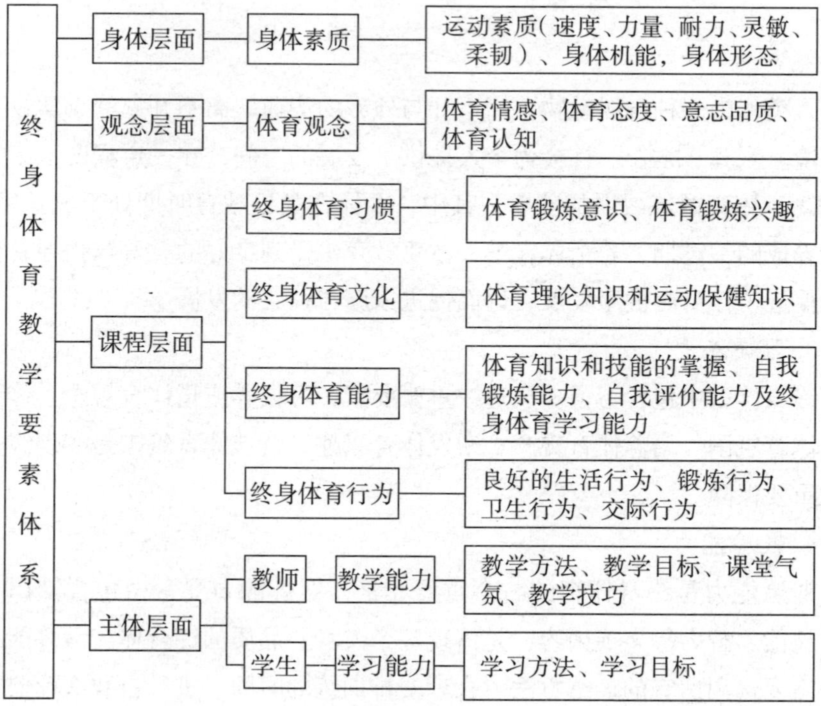

图5-2 终身体育教学体系图[①]

① 黄丽秋.终身体育思想的形成及教学引领研究[D].湖南师范大学，2014.

（四）影响“终身体育”教学理念发展的因素

我国学者黄丽秋对100名体育教师做了调查研究，得出了影响终身体育教学理念发展的要素（表5–1）。

表5-1　影响终身体育发展的要素①

影响因素	累计频率	一致性系数
锻炼意识	88.97%	0.4385
体育理论知识	88.34%	0.4361
自我锻炼能力	86.69%	0.8284
教学方法	83.02%	0.8088
课堂氛围	82.43%	0.8979
体育认知	82.06%	0.8132
锻炼兴趣	81.99%	0.3952
体育态度	81.40%	0.7231
教学目标	80.51%	0.8544
教学技能	70.59%	0.7901
身体形态	68.97%	0.677
意志品质	67.87%	0.8974
适应能力	66.91%	0.7641
自我评价能力	66.10%	0.8415
身体机能	64.90%	0.7793
体育情感	63.60%	0.7297
交际行为	46.69%	0.5238
锻炼观念	45.59%	0.5097
体育学习能力	41.54%	0.5149
学习方法	41.54%	0.5149
运动保健知识	41.54%	0.5149
生活习惯	36.03%	0.4109
其他	9.56%	0.0293

① 黄丽秋.终身体育思想的形成及教学引领研究[D].湖南师范大学，2014.

从表中我们很容易得出如下结论。

（1）锻炼意识、体育理论知识、自我锻炼能力是影响终身体育教学理念发展的三大最重要的要素，其累计频率均达到80%以上。

（2）教师应该综合考虑以上各要素，贯彻“终身体育”的教学理念。

二、“终身体育”教学理念在高校篮球教学中的贯彻与应用

在高校篮球运动教学中，“终身体育”教学理念的贯彻与应用主要体现在以下几个方面。

（一）培养终身体育的观念与意识

行为的产生需要个体动机、兴趣的驱动。只有建立起终身学习的观念与意识，才有可能自觉从事体育锻炼，养成终身体育锻炼的习惯。在篮球教学中，教师需要帮助学生树立正确的学习态度，培养良好的学习动机，激发参与篮球运动的热情。

教师在日常的教学过程中，需要时刻强化终身体育的意识，对每次课、每项课外活动提出相应的要求。

（二）培养终身体育运动能力

在高校篮球教学过程中，仅具备终身体育的观念还远远不够，还需要帮助学生真正掌握篮球运动技能，在平时生活中有打篮球的习惯。

教师需要把握篮球运动的特点和现阶段发展情况，培养学生以下两方面的体育运动能力。

（1）熟练掌握篮球运动知识、技能，自觉参加篮球活动，进行篮球锻炼的能力。

（2）提高自我评价、自我管理、自我监督的能力。让学生正确认识与评价自己的身体状况，及时向相关教师反馈，教师可根据学生反映的情况调整篮球教学的训练计划与训练内容。

（三）加强体育课程的建设

1. 设置课程目标

在建设体育课程之前，需要设置具体的课程目标。为个人和班级设置合理的目标有利于激发学生体育锻炼的积极性，使“终身体育”教学理念得到进一步的优化与发展。

2. 明确课程内容

教师需充分了解每位学生的特点，并充分考虑班集体的教学进度与课程目标，将二者进行权衡，确定篮球教学课程的具体内容与难度，设计难度适中、有趣味性的内容，注重培养学生的运动能力，注重健康教育。

与此同时，将技战术知识与篮球游戏结合起来，使每位学生体会到体育运动的快乐。教师也可以同时设置选修课和必修课，让学生有自主选择课程的权利，同时注重社会体育与学校体育之间的衔接，保证学生在课堂之外、校园之外也能够积极参与自己感兴趣的体育活动。

最后，教学内容应注重实践与实际价值，将学习到的素质、技能、知识等融入日常生活之中，使学生终身受益，达到健身的目的。

3. 优化课程评价方法

体育教师对学生进行评价时，需注重综合考虑多种因素，建立科学合理的评价体系。不仅考察学生篮球技能的掌握情况，而且将学生的运动积极性、对待体育活动的态度考虑进来，做到显性评价与隐性评价相结合。

教师也可以采取多种评价形式，如学生互评、学生自评等。不仅使学生有参与感，而且能提升学生的自省能力。

优化课程评价方法，综合考虑多种因素、多种形式的评价结果，能够帮助学生更加客观、真实、全面地了解自身的情况，发扬自身的长处，弥补不足。最终达到通过对篮球课程的学习，增强对体育的认识，增强对体育活动的信心，不断挑战自我的目的。

第六章

新媒体视角下高校篮球教学过程管理研究

第一节　高校学生使用新媒体的情况

中国互联网络信息中心发布了第43次《中国互联网络发展状况统计报告》,《报告》显示，截至2018年12月，典型新媒体社交软件使用率分别为微信87.3%、QQ64.4%，较2017年微信83.4%、QQ58.8%的使用率有了明显提高。随着互联网快速发展和高校信息化校园建设的推进，新媒体在大学校园发展迅猛，新媒体平台的推广使体育信息传播渠道更加多元化，新媒体以其交互性、开放性、即时性和虚拟性等特点，得到大学生群体的认可，成为他们获取知识、实现人际交往和表达个人意志的重要方式和途径。①

① 孙锡杰.新媒体对高校校园体育文化构建的影响研究[J].体育科技，2021，42(01)：58-59+62.

新媒体提供新的交流模式和信息传播平台的同时，也形成了新的体育文化形态，深刻地改变着校园体育文化的传播形式，同时改变着高校学生的生活和学习方式。《报告》显示，截至2018年12月，中国网民人均周上网时长为26.5小时。网民每天平均上网接近3.8小时。大学生是包括网络和手机在内的新媒体使用最活跃的群体之一，大学生受众群体通过智能手机、电脑等多种终端、客户端搜索需要的体育信息或发布体育赛事信息，网络搜索引擎的广泛使用，使体育赛事和体育文化传播变得更加快捷和自由。

新媒体成为大型体育赛事报道亮丽的风景线，创新了大型体育赛事传播模式。腾讯体育、阿里巴巴等新媒体巨头凭借雄厚的资本实力、庞大的用户基础和独特的媒体属性得到了大学生受众群体的追捧。[①]掌握运动技能、获取体育信息、欣赏体育视频等是大学生接触新媒体体育平台的主要动机，通过新媒体网络平台观看赛事直播逐渐成为大学生休闲生活的重要方式。据统计，巴西世界杯揭幕战当天，新浪微博上关于世界杯的讨论量已经过亿。排超元年男女排联赛共进行了299场比赛，而在网络直播平台，PP体育、新浪体育、暴风体育、企鹅直播、阿里体育等多家新媒体的总点击数达7.4亿人次，网络话题量超10亿。[②]

调查显示，64.2%的大学生表示“经常关注新媒体发布的体育信息”，并且在新媒体平台与老师、同学互动，大学生群体注重个性，热衷于尝试新事物，是新技术的最先使用者。新媒体网络平台能够及时传播体育新闻，并且能够调动大学生群体的的主动性和创造性，当接收到某个精彩体育内容，就可以将信息分享到朋友圈再传递给其他人，形成信息的二级乃至多级传播，在新媒体平台上与喜欢的朋友畅所欲言，发表自己的观点和看法。调查发现，高校学生对新媒体非常了解并经常使用的占52.5%，会使用一般了解占40.2%，很少使用的占7.3%。高校应积极利用新媒体平台传播各种即时、丰富、个性鲜明的体育信息，使得主体意识不断增强的当代大学生，从思维

---

① 岳菲菲，李勇勤.中央电视台体育频道体育文化传播的现状和对策研究[J].北京体育大学学报，2010(11)：34–37.

② http://baijiahao.baidu.com/s?id=1601120592868436842&wfr=spider&for=pc

方式到价值取向、从审美情趣到生活礼仪等日趋个性化和多元化。

第二节　新媒体对大学生的影响

一、新媒体对大学生健身意识的影响

表6-1　新媒体对健身意识的影响

新媒体对健身意识的影响	所占比例
具有引导作用	82.7%
不清楚	14.3%
没有	3.0%

微信、微博和QQ等新媒体平台和门户网站广受大学生喜爱，新媒体通过形式多样的信息渠道发布不同的体育信息，正潜移默化地发挥着体育价值引导的作用，通过调查发现（表6–1），82.7%受调查的大学生表示“新媒体所报道的体育事件与传播的体育信息”经常能够成为同学们共同讨论的话题。网络全覆盖下的体育赛事传播平台，成为大学生群体享受体育赛事的首选方式。体育赛事的音视频播出为大学生受众创建了身临其境的现场感受，满足高校学生观看比赛的实时性和直观性需求，加上解说员全面专业化的讲解，能够极大地影响大学生的体育生活态度，帮助他们加强对体育现象的理解，有助于他们形成正确的体育价值观和积极乐观的工作和生活态度。①

① 刘晓薇.新媒体融合背景下体育文化诠释[J].中国有线电视，2018(8)：78–81.

二、新媒体对丰富大学生校园文化生活的影响

表6-2 新媒体对大学生校园文化生活的影响

新媒体对大学生校园文化生活的影响	所占比例
具有积极的影响	78.2%
一般	19.3%
没有	2.5%

新媒体体育赛事的传播平台是一个开放性的共享社交平台，该平台所属的受众群体分布于社会各个阶层，因此，其受众给予体育赛事和体育文化的阐述表达的观点和视角截然不同。调查显示（表6–2），78.2%的高校学生表示新媒体对自己校园文化生活具有积极影响，利用新媒体创建班级运动群，同学们可以相约一起运动，在运动过程中他们能够得到同伴的赞许与认可，能畅快淋漓地表达自己的运动感受和技战术观点，在与体育爱好者们的交流互动中，充分展示自我、张扬个性。新媒体开放、共享、多元化的特点大大拓宽了大学生的交流渠道，给大学生提供了对体育现象的全新视角。

三、新媒体对高校校园体育文化建设途径的影响

（一）新媒体为校园体育文化建设提供了丰富的素材

新媒体与网络技术的快速发展，使古今中外海量的体育信息被发掘、汇聚和传播，为校园体育文化建设提供了丰富的素材。高校应充分利用新媒体网络平台这种大学生喜欢的方式、方法，超越时空上的限制，随时、随地通过新媒体平台如开辟学校官方网站、校内社团网站、大学微博、QQ群、微信公众号等发布体育信息，以满足大学生日益增长的、多元的文化需求，给大学生提供更加自由、更具思维灵动的校园文化空间，形成更有效、更全面的校园文化覆盖和良好的校园文化氛围。

（二）增强了校园文化建设的吸引力与趣味性

新媒体知识传输快捷、信息量大、覆盖面广、娱乐性强等特点，深受高校学生的欢迎。据调查报告显示，92.6%学生至少掌握着一个新媒体，超过一半的同学表示，学习之余大部分时间都与新媒体保持密切接触。在校园体育文化建设的过程中，通过应用新媒体技术，校园体育文化的流通、传播不再局限于文字说教等传统传播方式，可以以图像、音频、视频为基础，通过音乐、新闻、自由论坛等形式将校园体育文化表达出来，让学生参与其中，自由表达自己的思想与看法，一方面以潜移默化的方式传播渗透校园体育文化。另一方面，通过这样的方式把学生吸引到校园体育文化建设中去，促进学生对校园体育文化的认同，增强了大学校园体育文化的表现力与感染力。

（三）加速了校园体育文化与外界的交流，扩大了体育文化的传播范围

新媒体技术打破了地域和国界传播体育文化的空间壁垒，进一步加强了高校与外界社会的联系，促进了高校校园体育文化与社会的互动交流，不同大学、不同地区乃至不同国家的学生都可以通过新媒体实现体育资源共享，拓展了校园体育文化建设的空间。此外，由于新媒体的广泛应用，校园体育文化的传播不再局限于特定的领域、特定的场所，透过新媒体，校园中的学生、社会群体也有更多的机会了解、接触学校的校园体育文化，进一步扩大校园体育文化的传播范围。

第三节　新媒体视角下高校篮球教学模式的应用

伴随着时代的不断发展，大量的教学模式被应用于体育教学之中，这为

体育教学质量的提高奠定了良好的基础。不论是传统的教学模式还是当今多媒体背景下各种信息化教学模式，都发挥了非常重要的作用，尤其是一些新媒体教学模式，如CAI模式、网络教学模式等都充分发挥了自身的优势，取得了明显的成效。

一、常见的篮球教学模式

（一）小群体教学模式

小群体教学模式是传统教学模式中非常常用的一种。这一教学模式将学生进行一定的分组，并在体育教师的指导下，同组成员之间、小集团与小集团之间通过互动、互助、互争，增强成员学习的主动性，从而提高教学效率。在篮球教学中，这一模式得到了很好地利用。

小群体教学模式能充分发挥团队成员交往的特点，其指导思想在于在遵循体育学习机体发展和发挥教育作用的规律的基础上，通过体育教学中的集体因素和学生间交流的社会性作用，促进学生交往，提高学生的社会性，对于学生学习和掌握篮球技术，促进集体主义意识的提高都具有重要的意义。

（二）发现式教学模式

发现式体育教学模式指的是通过体育教师的指导，学生能够独立地研究和发现事实和问题，从而可以更加深刻地掌握相关原理和知识的一种教学模式。

在具体的教学中，学生在体育教师的指导下进行各种技术动作的练习，在自练的过程中可以边做动作边思考，发现自己所做技术动作中是否存在不规范和不正确的现象，教师也可以在旁边加以辅导和提示，帮助学生建立正确的动作表象，形成正确的动作定型，从而准确地完成技术动作。

（三）主动性教学模式

发展到现在，“以人为本”的教学理念得到了充分的利用，在整个篮球教学活动中，学生是最为重要的主体，因此，主动性教学模式就是建立在学生这一主体基础之上的。主动性教学模式能更好地引导学生通过思考、体验来学会交流和合作，从而进一步发展自身的社会技能、社会情感，以及创造能力。

在具体的篮球教学实践中，通过主动性教学模式的运用，能很好地激发学生学习篮球的积极性，潜移默化地对学生产生积极的影响，这一模式对于篮球教学质量的提高具有重要的意义和作用。

（四）领会式教学模式

这一教学模式主要运用于改造篮球教学的教学过程结构，在应用过程中试图通过从整体开始学习或领会新教程，并且对以往只追求技能，忽略学生对整个运动项目的认知和对运动特点的把握缺陷进行改进和完善，以达到提高篮球教学质量的目的。

二、CAI模式在高校篮球教学中的应用

CAI是Com puter-A ided Instruction的缩写，即计算机辅助教学系统，这一多媒体教学方法在当今学校教育中得到了越来越广泛的利用。随着时代的不断发展，学校教学相关的多媒体CAI课件越来越多，在很多教学课中都得到了充分的利用。

CAI课件是以计算机为核心的多媒体教学模式，通过对声音、图像、音频、视频以及动画等多种形式的信息进行综合的分析处理，使这些信息建立起逻辑性的联系，形成一种相互影响互相帮衬的体系，其目的主要是加深学习者对学习对象的印象，实现既定的教学目标。

（一）制作CAI课件的目的

在篮球教学中，体育教师也可以根据教学实际情况制定科学合理的篮球CAI课件。篮球CAI课件能形象地将平时教师做的示范动作进行分解和细化，有助于学生加深印象，更好地掌握和提高篮球技术动作。总体来看，与传统

的教学课件不同，CAI篮球课件的教学内容更为新颖、技战术讲解更为详细和准确，能激发学生强烈的学习兴趣，从而促进教学质量的提高。

（二）CAI课件的内容

为保证篮球教学的质量，CAI课件的制定一定要合理，要确保在篮球教学大纲中引入大量的篮球相关知识和信息，尽可能地补充课本上没有的篮球理论，从而帮助学生提升自身的理论与实践水平。[①]在具体的操作中，体育教师要加强基本技术、基本战术与篮球训练等基础环节教学的同时，利用现代CAI课件的多媒体性增加各种丰富的技战术内容，以激发学生学习的兴趣。一个新颖的篮球教学课件通常能满足学生学习的心理需求，便于体育教师组织与管理教学活动。

（三）CAI课件在篮球教学中的作用

1. 有利于激发学生的学习热情

为提高篮球教学的质量，体育教师在教学中要想尽一切办法激发学生学习的兴趣，激发学生自主学习的热情，如此才能提高教学效率，尽快地实现教学任务和目标。利用CAI教学模式，采用更加科学先进的教学手段和形式多样的教学方法，使学生的注意力更好地集中到课堂教学之中，增强课堂的凝聚力和感染力，这样就能有效激发学生学习知识的自主性，促进学生学习效率的提高。

2. 有利于建立正确的动作概念

一个科学合理的CAI教学系统对于学生学习与掌握篮球技术动作具有非常大的帮助，学生通过观看图片、视频，以及声音多方面、多角度的分析，在脑海中形成更加深刻的动作概念，再次做动作的时候学生就有更加正确的模板可以参照和借鉴，并且CAI教学系统对动作的慢放、分解等功能是平时教师在课堂上做示范无法达到的效果。

---

① 王戈.篮球教学与CAI课件的研制与应用[J].内江科技，2011，32(09)：67-68.

3.有利于突出教学重点，突破教学难点以及提高教学质量

教学过程中重点以及难点都是教师教授时候的困难点，运用多媒体CAI技术可以将重点加强分量，让学生更加重视重点的学习，在难点上可以更加细致地分析，有利于学生更好地研究以及掌握。增加CAI教学的模式，有效地缓解教学任务重、课时少的问题，节省了教学时间，从而使教师能有更多的时间放在关注学生实践情况上面及指导学生具体的练习。运用多媒体技术辅助教学可以大大增加课堂容量，增大信息密度，提高教学效率，丰富课堂的内容。利用计算机的存储和网络功能，体育教师可以在课堂上展示与本节课教学内容相关的各种信息、画面、声音，如教学课件、录像带、光碟等，帮助学生掌握更多的课本以外的内容或本学科的前沿知识和最新技术。使学生一方面掌握了计算机技术，顺应了信息时代的潮流；另一方面增长了专业技术知识、丰富了业余文化生活、开拓了视野，促使学生在知识和能力两方面都得到了发展，有助于提高教育质量。

三、网络教学模式及应用

（一）网络教学模式概述

当今社会可以说是一个信息化社会，各种信息化教学手段在体育教学中得到了广泛的利用，可以说这是一个大的趋势。在当今信息化教学背景下，网络教学、课堂教学、正式比赛和体育学习共同体共同组成了“三元一体”体育教学模式。在体育教学中发挥着越来越重要的作用。网络教学模式的理论框架如图6-1所示。

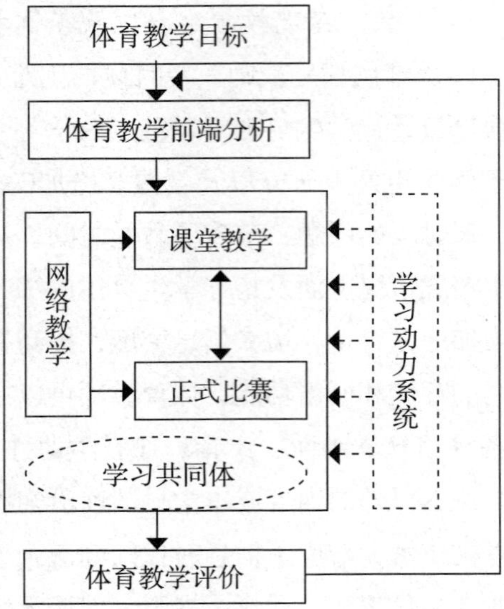

图6-1　网络教学模式的理论框架①

（二）网络教学模式的应用

网络教学的一个最重要的特点就是虚拟情境，认知和实践相分离。这一模式能为学生和教师提供极大的便利，能在一定程度上提高教学的效率。需要注意的是，学生只通过网络教学是无法实现教学目的的，但是网络教学具有强化认知、增加反馈等功能，能为学生更好地提高运动技能奠定良好的基础。由此可见网络教学的重要性和意义所在。网络教学在学生运动技

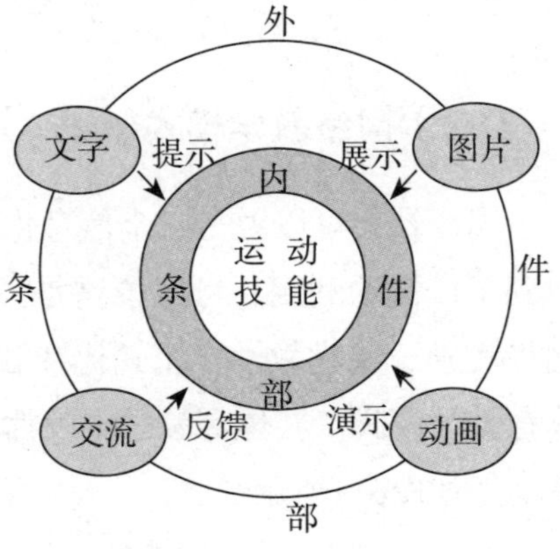

图6-2　网络教学在学生运动技能形成中的作用

① 周新.篮球网络教学模式的实验研究[D].郑州大学，2011.

能形成中的作用如图6–2所示。

网络教学中一个非常重要的环节就是课程设计，一般情况下，主要包括设计具有重要导航作用的相关功能模块，要在课程的总体框架中将此重点体现出来，设计的内容要合理，符合具体的教学实际和学生的学习基础，同时还能促进所有学生的学习和提高。

以篮球教学为例，篮球网络教学模式的应用结构如图6–3所示。

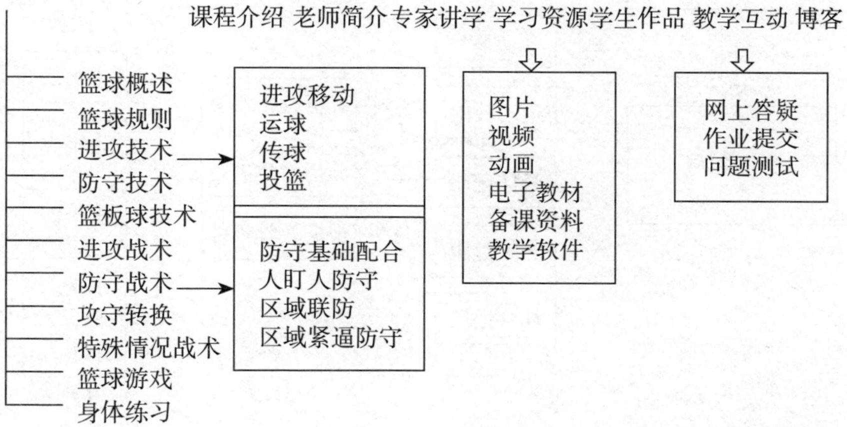

图6-3　篮球网络教学模式的应用结构①

总之，体育教学模式丰富多样，在体育教学中要合理选用适宜的教学模式。体育教学环境相对较为开放，容易受外界环境影响的体育教学过程和其他学科教学过程相比更复杂一些。体育教学规律也会制约体育教学活动的实施，在教学规律影响下的体育教学过程涉及方方面面的因素，如身体锻炼、理论认知、掌握技能、情感体验、社会交往等。正因如此，才要严格选用体育教学模式，使每个教学模式的整体功能都能得到最大的发挥，使教学效果得到最大化的提升，使教学目标能够顺利实现。在体育教学中科学选用体育教学模式的程序如图6–4所示。

在具体的篮球教学中，体育教师要立足学校现有的教学条件，结合学生

① 周新.篮球网络教学模式的实验研究[D].郑州大学，2011.

的特点与实际水平，尽可能地去创造与优化教学条件，依据恰当的教学目标设计出符合课程单元、学时及单元教学目标的教学方案。同时还要确定好教学单元的重难点教学内容，采取合理的教学组织方式，选取适宜的教学方法，如此才有利于取得理想的教学效果。除此之外，体育教师还要采取各种手段与措施促进教学模式的发展与完善，做好教学模式的评价工作。

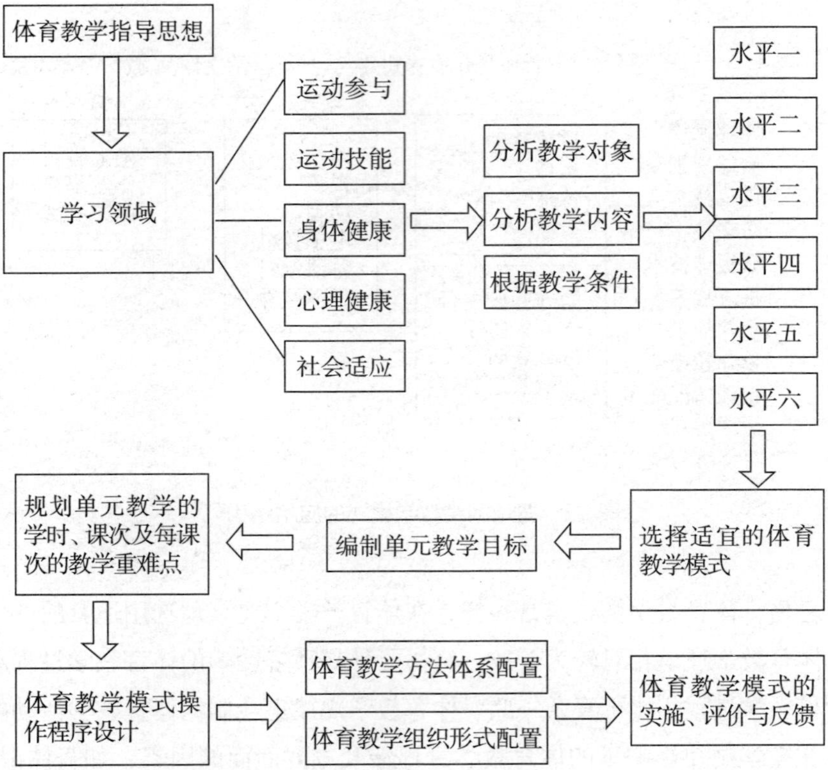

图6-4 科学选用体育教学模式的程序[①]

① 吴烦.武汉市中小学体育教学模式的选用现状及发展对策研究[D].湖北大学，2016.

第四节　新媒体视角下高校篮球教学手段的应用

一、传统的篮球教学手段

（一）“挂图”教学手段

挂图这一教学手段在篮球实践中得到了一定的利用。挂图手段的使用能有效加深学生对动作的直观印象，帮助学生形成正确的动作表象，学习和掌握基本的动作要领，提高学生的篮球技能水平。

体育教师在使用教学挂图时，需要注意以下几个方面的要求。

（1）事先做好充分的准备，认真筹划好挂图的内容与使用时间、使用方法等。

（2）挂图的使用要符合篮球教学的特点与实际。

（3）使用挂图教学时，体育教师要给予必要的引导。

（4）可以采用口诀等形式增强学生的记忆力。

（5）挂图的位置一定要正确，指图的时机一定要把握好。

（二）“学习卡片”教学手段

“学习卡片”可以说是一种重要的教学辅助手段，这一手段的利用有助于学生更好地学习与掌握运动技术要领，充分了解课堂的教学重点和难点，为接下来的学习做好充分的准备。

在篮球教学中，学习卡片这一教学手段也得到了一定的利用。通过这一手段，学生能获得非常直观的印象。但需要注意的是，学生卡片这一教学手段有时候很容易遗忘，需要体育教师及时提醒。

（三）其他“教具”

“教具”是指帮助学生掌握教学内容而运用与教学内容相关的教学用具。在篮球教学中，小栏架等器材与设备都是重要的教具，通过这些教具的使用，能在一定程度上提高学生学习的效率与水平。

二、新媒体视角下篮球教学手段的应用

（一）体育微格教学

1. 微格教学概述

如今，各种信息化技术受到人们的重视，在社会各个领域都得到了广泛的利用，也取得了不错的效果。其中，微格教学就是这样一种有利于体育教学质量提高的技术手段。微格教学可以说是利用现代教学技术手段对教师的教学技能进行培训的教学方法。微格教学是一种缩小化的可控制的教学环境，它使准备成为或已经成为教师的人有可能集中掌握某一特定的教学技能和教学内容。相对于一般的教学手段，微格教学具有以下几个方面的优点。

第一，它具有鲜明的针对性特点，有助于体育教师提高自己的单项教学技能。

第二，它具有一定的参与性特点，有利于学生主体性的发挥，有利于学生的个性化发展。

第三，它具有一定的实践性特点，有助于体育教师累积大量的教学实践经验，从而更好地应用于体育教学之中，促进体育教学质量的提高。

2. 体育微格教学的实施

在篮球教学中，利用体育微格教学手段时，需要按照以下几个阶段按部就班地进行。

（1）观察分析阶段

一般来说，观察分析阶段的工作内容主要是以所要训练的某一项或几项技能为主要依据，从不同角度出发示范不同水平的片段，受训者在观察的基础上进行分析，分析的对象主要有体育教学大纲、体育教材、体育教学内容等，对这些方面进行分析的主要目的是确定合理的教学目标。

（2）模拟训练阶段

模拟训练阶段这一环节非常重要，体育教师在组织教学活动时一定要给

予高度重视。首先让练习者备好课，备课的内容是一个教学片段，时间大概5～15分钟，教案中简要说明教学活动、学习活动、教学技能。体育教师要依据现有的教学条件和具体实际编写好合理的教学方案或计划，依据制定好的教学计划展开教学活动。

（3）评价讨论阶段

评价讨论阶段属于体育微格教学的信息反馈与评价内容，应及时向培训者反馈。在这一阶段中，受训者要不断修改与完善教学方案，以有利于教学活动的顺利开展。

体育教学评价是体育教学的重要环节和内容，一般来说主要包括自评和他评两种方式。学生通过观看自己的教学录像，分析与评价自己的教学行为，就是自评。体育微格教学中的教师角色、学生角色、指导教师、评价人员等共同观看录像，集中评价，检查受训者是否通过努力达到了培训目标，这就是他评。体育微格教学评价中的自评与他评都非常重要，一定要结合起来使用。

（4）整合训练阶段

整合训练属于体育微格教学的"综合阶段"，这一阶段也是非常重要的。在微格教学中应将单项训练与整合训练的关系妥善处理好，在单项技能训练结束后，开展小型课训练（时间15分钟左右），要求反映出学生各个技能的掌握情况，从而为体育教师的评价提供一定的依据。

体育微格教学的以上四个阶段都非常重要，体育教师采用这一教学手段教学时一定要严格按照既定的程序与步骤进行，以取得理想的教学效果。

（二）体育微课教学

1. 微课教学概述

微课教学，是体育教师将微课的资源整合到日常课堂当中，根据学生的学习特点和学习进度，将微课资源与普通课堂相结合，从而实施教学的过程。其具体的流程为：制作微课程学习视频——→设计学习内容、形式和方法——→评价体育教学过程。体育教师一定要掌握体育微课课件的制作方法，严格按照既定的流程进行制作。

2. 体育微课教学的实施

一般来说，体育微课教学主要包括课前准备、课中教学和课后反思三个阶段。在具体的篮球教学过程中，要合理安排以上几个阶段的教学内容。

（1）课前准备

课前准备主要包括对体育教学内容的选取、体育教学目标的确定、体育教学策略的制定、体育教学顺序的设计以及教学场地器材的安排等。在这一环节中，设计合理的体育课堂结构十分关键，体育教师要引起重视。

（2）课中教学

体育微课中的课中教学主要包括以下三个阶段，体育教师要严格按照以下三个阶段的要求组织教学活动。

导入阶段：一般来说，体育微课的时间比较短，要注意快速切入课题，留出更多的时间用来讲授内容。

教学阶段：教学过程中主要以解决一个技术问题为主线，讲解力求精而简，体育教师要善于启发和引导学生学习。

课后小结阶段：体育教师要根据体育课堂的实际情况做出客观、有效的总结，这有利于接下来的教学活动。

（3）课后反思

课后反思是体育微课教学的最终阶段，通过反思主要是检验教学目标是否与教学规律相符，训练过程中是否将“学会教学”和“学会学习”统一起来，这有利于对整个教学活动进行有针对性的改进，从而提高教学质量和效果。

第五节 新媒体视角下高校篮球教学方法的应用

在信息化技术发展的今天，各种新媒体技术在篮球教学中得到了一定的利用，极大地提高了篮球教学的质量。这些全新的新媒体教学方法对于学生而言比较新颖，能有效地提高学生学习篮球的效率。但是需要注意的是，我们在利用这些新媒体教学方法的同时也不要忽略了传统教学方法，要将二者结合起来使用，如此才能取得理想的教学效果。

一、传统的篮球教学方法

（一）语言教学法

1. 讲解法

在篮球教学中，讲解法应用的比较频繁。这一教学方法常见于篮球理论与技术实践中的各种技术要领的讲解。在体育教学中，讲解法就是指体育教师通过运用合理的语言向学生讲解基本的技术动作要领、方法和规则，指导学生积极学习和掌握技术动作的一种方法。

在篮球教学实践中，体育教师在应用讲解法教学时需要注意以下几个方面的要求。

第一，明确讲解的目的与内容。

第二，保证讲解的内容正确无误。

第三，讲解的过程要突出趣味性，保证生动形象。

第四，准确把握讲解的时机。

第五，观察学生的各种表现，讲解要能充分激发学生的积极性。

2. 口令与指示法

口令与指示法是体育教师借助多种口令和指示进行，如“立正”“跑”“转体”等。这一种语言教学法对于学生是很好的指导，对于篮球教学活动的开展是非常有利的。

口令和指示法的应用要注意以下几个方面。

第一，指示的时机和节奏要把握好，不能过于拖沓，否则会影响学生的学习与模仿练习。

第二，在讲解的过程中，体育教师的发音要洪亮清晰，确保每一名学生都能听得到。

（二）直观教学法

在篮球教学中，直观教学法也较为常用，通过这一方法的利用，学生能很好地看清教师的示范动作，从而进行模仿练习。

1. 动作示范法

通过教师的动作示范，学生能很好地了解和掌握篮球技术动作的形象、结构和要领，从而做出正确的技术动作。

体育教师在应用动作示范方法教学时要注意以下几点要求。

第一，明确示范的目的和任务。

第二，示范的动作要保证正确，避免对学生造成误导，从而导致发生错误动作的行为。

第三，要注意示范的角度，示范的难度要适中，符合学生的实际水平。

2. 直观教具与模型演示

直观教具与模型演示法属于直观教学法的重要内容，篮球教学中有不少的高难度动作，如行进间勾手投篮、胯下运球等，学生在学习这些技术动作时，需要通过各种直观教具和模型的辅助才能更好地掌握。

（三）完整教学法

完整教学法，就是从动作的整体上出发进行教学和练习的一种教学方法。这一教学方法在篮球技术动作教学中应用的比较广泛。

体育教师在利用完整教学法进行篮球技术动作的示范和讲解时需要注意以下几点要求。

（1）仔细分析篮球技术动作的各项要素，确保技术动作的完整性和流畅性。

（2）在示范和讲解难度较大的技术动作时，体育教师可以采取适当降低动作难度地方法进行示范和讲解。

（3）在示范和讲解难度较大的技术动作时，体育教师可以适当改变外部环境条件，借助外力条件完成完整的技术动作。

（四）分解教学法

分解教学法是指将完整的动作划分为几个部分，逐步使学生掌握完整的动作技术的一种方法。分解法比较适用于那些难度较大的技术动作。

体育教师在应用分解教学法进行讲解时需要注意以下几个方面的要求。

（1）深入细致地分析各个篮球技术动作的特点，帮助学生正确地认识与学习技术动作。

（2）注重时间、空间等方面的有序性和统一性。

（3）注重各个环节之间的联系。

（4）注重各个环节之间动作的衔接。

（5）将分解法和完整法结合起来使用。

（五）程序教学法

一般情况下，程序教学法常用于篮球技术动作教学中。其具体的教学步骤为：体育教师首先要求学生按照预先设计好的小步子来学习，教师及时对其进行评价，并反馈学习结果，然后根据学生的学习结果决定下一步该怎么做，如果学生这一步的学习达到了标准，则可进入下一步学习；否则就要重新学习这一步，这一种教学方法对于学生学习效率的提高是十分有利的，能帮助学生快速地学习和掌握篮球技术。

（六）游戏教学法

游戏法，就是通过游戏的方式来完成相应的教学任务的方法。这一教学方法能有效激发学生学习篮球的兴趣，便于教师操作，也便于学生学习。

在运用游戏法进行篮球教学时，需要注意以下几点。

（1）确定游戏规则和游戏要求。

（2）学生必须遵守既定的游戏规则，否则就要受到惩罚。

（3）体育教师在游戏的过程中要秉持公平公正的基本原则对学生进行公正、客观的评判。

（七）竞赛教学法

竞赛法是组织学生进行比赛的一种教学方法，通过竞赛法的应用，学生能很好地提高自己的篮球技战术水平，受到教师和学生的推崇。

竞赛教学法的选择与利用要注意以下几点要求。

（1）分组要合理，双方实力要均衡。

（2）在具体的比赛中，学生要能熟练运用自己所掌握的各种篮球技术动作。

（3）注意比赛的环境，确保比赛的安全。

二、现代教育背景下的创新教学方法

（一）群体激励教学法

群体激励法，就是通过集体思维共同相互激励的形式，引发众多反应，产生多种解决问题设想的一种教学方法。在当今的篮球教学中，这一种教学方法得到了普遍的利用。

群体激励法的具体流程如下。

第一，在上篮球课前，体育教师提出一系列问题，学生进行必要的探讨。

第二，体育教师引导学生积极参与活动实践，寻找问题的答案。通过群体激励法的运用，学生能有效地提升自身的创新意识和能力。

（二）移植教学法

移植教学法指的是从其他学科中移植过来的一种教学方法。在体育教学中，移植教学法就是指根据体育学科的特点和体育教学的需要而进行针对性的处理后运用到体育教学实践中的方法。如其他学科教学中的一些方法可以移到到篮球教学中，从而促进篮球教学质量的提升。

普适性是移植教学法的一大特点。从其他学科中借鉴过来的一些体育教学方法，经过一定的加工和改造后才能使用，否则就难以发挥出本身的功能，无法达到提高体育教学效果的目的。

与其他的教学方法不同，移植教学法对体育教师的创造能力提出了一定的要求。体育教师必须要具备较高的知识水平、良好的思维方式、高超的教学技能才能做好教学方法的移植。只有如此，体育教师才能更好地从教育学、心理学及运动训练学领域中汲取新鲜的元素而设计体育教学方法，并将移植而来的教学方法灵活运用于课堂教学之中，发挥各种教学方法的作用，而如果教师知识储备少，思维僵化，教学技能不熟练，缺乏教学经验，那么其可能只会浅显地借鉴其他学科的教学方法，或者不加改造、移花接木，或者在加工改造中胡编乱造，这样是很难取得理想的教学效果的。

（三）难度增减教学法

难度增减教学法是指通过难度的增加和减少来进行教学的方法，这种教学方法可以用于篮球各种技术动作教学之中。体育教师在运用难度增减教学法时，要注意保证篮球技术动作的结构和性质不能改变，否则是很难取得理想的教学效果的。

大量的实践表明，难度增减法能够在一定程度上保证教学进度按照难度逐渐递增的顺序顺利开展，在这样的情况下，学生也能获得学习篮球的自信心，对于篮球教学质量的提高是非常有帮助的。

（四）逆向思维教学法

逆向思维教学法是指从逆向思维出发，将问题从反方向引出来的一种教学方法。在当今教育背景下，这一教学方法非常符合现代教育的要求，不仅有利于学生的个性化发展，还能有效地培养学生的创新意识与能力，促进学生综合素质的发展和提高。

受思维定式的影响，我们通常习惯于用正向思维去认识和思考问题，但是惯性思维并不能很好地解决所有的问题，有时利用逆向思维反而会取得不错的效果。这是已经被大量的实践证明了的事实。

在篮球教学中，学生要善于利用反向思维学习和掌握难度较大的技术动作，将难度较大的动作环节作为首先要掌握的因素而去不断的练习，熟练后再练习难度较小的动作环节，这种反其道而行之的做法往往会收到意想不到的效果。

（五）分层教学法

分层教学法也是符合现代教育要求的一种教学方法，这一教学法是指依据学生的特点与实际水平进行合理的分层，根据不同层次学生的特点组建合作小组，然后设计不同层次的教学目标，分别安排相应的教学内容和教学方法。在篮球教学中这一方法也完全可以利用。在具体的教学过程中，体育教师安排各个环节的教学时一定依据每一名学生的具体实际情况合理分组，分组要公平、合理，便于每一名学生学习与合作，如此才能实现理想的教学效果。

（六）即兴展现教学法

即兴展现教学法十分强调教学过程中师生的双边互动，同时强调学生自我能力的展现，非常注重学生的主体地位，重视学生全面素质的培养与提高，这一种教学方法非常符合当今“以人为本”的教学理念，能极大地促进学生的个性化发展。在篮球教学中，体育教师需要创设一个和谐的课堂氛围，在浓厚的教学氛围下，学生的创新与能力都能得到很好的培养和提高。

（七）掌握学习教学法

掌握学习教学法是指体育教师依据教学大纲对学生分层次实施教学内容，然后定期进行阶段性评价的方法。班级授课这一形式就主要采用这一教学方法。在具体的篮球教学中，体育教师要充分依据学生的个性特征及个性化需求设计教学方法。在具体的篮球教学中，体育教师利用这一教学方法需要注意以下几点。

第一，体育教师要事先阐述本次篮球课的目的与任务，让学生做到心中有数。

第二，体育教师要依据学生的学习实际和运动基础合理地制定教学方案。

第三，采用形成性评价和终结性评价相结合的方式进行教学效果的评价。

三、现代多媒体技术在高校篮球教学中的应用

如今越来越多的多媒体技术在篮球教学中得到了应用，与传统的教学方

法相比，多媒体教学方法更为直观和便捷，能极大地提升学生学习的效率，受到教师和学生的推崇。一般来说，现代多媒体技术在篮球教学中的作用主要体现在以下方面。

（一）多媒体技术提高学生学习积极性、创造良好氛围

一般情况下，多媒体技术主要应用于篮球各项技术动作的教学中，通过各种多媒体技术手段的辅助，篮球课中的各个技术动作环节，如行进间投篮、三步上篮等技术动作都能清晰地展现到学生眼前，能在一定程度上弥补传统口头讲解在表述和示范上的薄弱劣势，有效地激发学生的潜能，能充分激发学生学习篮球的兴趣，促使学生以积极的心态投入篮球教学活动之中。

多媒体教学技术的利用能为体育教师组织教学活动提供极大的便利，在教学过程中，体育教师通过录像材料，结合教学内容，能将整个教学过程更加直观地呈现给学生，各项技术动作的分解更加精细，学生在头脑中能形成深刻的印象，便于学生学习和掌握。[①]这种将多媒体技术引入篮球课的教学方法，对于体育教师和学生双方的教学活动都是极大的刺激，能帮助他们在愉悦的课堂氛围下去交流与合作，对于篮球教学质量的提高是非常有帮助的。

（二）多媒体技术有助于学生增强记忆力，提升学习效率

由于每一名学生都是不同的，在个性特点、篮球基础和运动能力等方面都存在一定的差异，受此影响，他们在学习和理解技术动作的过程中也存在不同的难度。在传统的教学条件下，这种状况很难得到良好的改观。而在信息化技术发展的今天，通过多媒体的利用，各种篮球技术动作能更加直观、清晰地呈现在学生眼前，在其头脑中形成正确的动作表象，有助于学生在短时间学习和掌握，提高学习的效率。例如，体育教师在教授“三步上篮”技术动作时，在传统的教学方法下，在较短时间内是很难完成的，体育教师需要通过反复不断地示范，强调各个技术动作要领，学生模仿难度较大，取得

① 张小刚.多媒体在高校篮球教学中的运用途径探索[J].当代体育科技，2016，6(14)：98-99.

的效果也不好。而通过多媒体技术的利用，教师讲解、示范与录像相结合，学生能在头脑中建立和形成正确的动作表象，通过多次练习，学生能有效地掌握篮球技术，提高运动能力。

四、多媒体视角下篮球教学方法的创新

发展到现在，各种多媒体技术在体育教学中得到了利用，极大地促进了教学质量的提高，在篮球教学中，越来越多的多媒体教学方法也得到了应用。在这样的背景下，要求体育教育工作者及时转变观念，加强教学方法的创新，以适应当今多媒体教学发展的形势。

（一）重视教学方法观念的创新

学生是篮球教学活动的主体，体育教师制定的一切活动方案或计划都要围绕学生进行。因此，篮球教学方法的设计、选择与实施同样要以篮球这一学科的特点及学生的特征、需求为依据，这样才能保证教学方法的科学性和合理性，这也是当今多媒体教学的基本要求。

为促进篮球教学质量的提高，体育教师首先要明确要教的内容和通过实施这些内容要达到的目的，然后根据内容的特点、学生的特点以及要达到的目标来对教学过程进行安排，合理设计每个教学环节，在各环节将相对应的恰当的教学方法予以实施，保证各个环节教学工作都能有序开展，且都能取得好的效果。在整个教学过程中教师会创设一些教学情境，不同的教学法适用于不同的情境，教师一定要明确其中的内涵，选择与安排适当的教学方法。

在当今多媒体信息化时代背景下，体育教师还要充分考虑到各种科技因素。只有不断创新，才能激发学生学习的积极性，培养学生的创新能力，这是时代发展的必然，篮球教学理应也要跟上这一时代发展的潮流。

（二）合理编排教学方法

要想实现理想的篮球教学效果，体育教师还必须要合理编排教学方法。

在具体的教学中要充分发挥教学方法的作用，尽可能地编排与选择合理的教学方法用于篮球教学之中。

在篮球教学中，体育教师实施教学方法，教学方法又作用于学生，从而将教师与学生密切联系起来，教学方法起到了重要的桥梁作用。由教学方法联系起来的教师与学生都是篮球教学活动的主要参与者和实践者，篮球教学效果一定程度上是由这两个主体所决定的，因此一定要注重这两个主体的发展。如果教师缺乏专业素养，学生缺乏学习热情和创造性，那么篮球教学质量都难以得到保证。

（三）扩展与改进教学方法

为顺应当今多媒体教学发展的形势，体育教师还要结合具体的教学实际充分利用和发挥各种教学方法的功能，不断地扩展与改进教学方法，多采用一些先进的信息技术手段丰富与完善篮球教学方法体系。这是促进篮球教学质量提升的重要保证。

篮球教学方法的实施效果在很大程度上受到教学活动主客观因素的影响，其中客观方面的影响因素中实际教学条件是一个不可忽视的因素，场地器材的数量、规格以及其他教学资源等教学条件都对篮球教学方法的实施效果起到举足轻重的影响。

扩展与改进教学方法主要是将教学方法的功能和范围进行延伸，体育教师要在教学组织形式上下功夫，优化改革体育教学组织形式，如突破传统的按人数平均划分学习小组的分组方法，将学生的兴趣爱好、学习水平、运动基础等作为分组的主要依据，扩展教学组织形式，使不同兴趣爱好、不同学习能力的学生都能在新颖的多媒体课堂教学中获得发展和进步。

在具体的篮球教学中，体育教师应结合具体的教学实际不断改进教学方法，充分利用各种信息化技术创造新的教学方法，进一步完善教学方法体系，这样才有利于篮球教学活动的顺利开展。

（四）重视新的多媒体教学技术的应用

如今可以说是一个信息化社会，各种信息技术在学校教育中得到了充分的利用，因此体育教师一定要给予重视，重视新的多媒体教学技术在篮球教学中的应用。

在现代信息化技术背景下，各种科技手段在体育教学领域都得到了比较广泛的利用。因此，篮球教学也要紧跟时代发展的潮流，重视新的教学技术的应用。当前，先进科学技术在教育领域的应用非常普遍，科技推动教育发展的实效有目共睹，因此要继续发挥科技的优势，继续利用科技手段来提高与完善教育技术，使体育教学彰显出时代性、先进性、创新性。在具体的篮球教学中，体育教师可以尝试运用多媒体技术，引进学生喜闻乐见的多媒体手段，充分激发学生学习篮球的兴趣和积极性，促使其以饱满的精神状态投入篮球教学之中，如此篮球教学质量的提高才有良好的保障。

第七章

“体教融合”视角下高校篮球人才培养研究

“体教融合”是我国体育事业发展的重要理念与政策，也是高校培养优秀体育人才的重要模式。在“体教融合”理念下培养高校篮球人才，能够促进大学生的全面发展，提高大学生篮球运动员的综合素质，也有助于提升高校篮球教师、篮球教练员以及篮球裁判员的专业素养，从而进一步推动高校篮球运动的发展。本章主要研究“体教融合”视角下高校篮球人才的培养，在简要阐述“体教融合”理念的基础上重点针对高校篮球教师、高水平篮球运动员、篮球教练员及篮球裁判员等篮球人才的培养提出了科学的路径与方略，对提高高校篮球人才的培养水平具有重要意义。

第一节 “体教融合”理念概述

一、“体教融合”的含义

“体教融合”指的是体育与教育的融合，具体是指学校文化教育、体育教育与学校竞技体育人才培养的融合。这是高校培养优秀体育人才的重要指导思想与模式，在该模式下，竞技体育属于一种教育手段，以全面培养学生的健康体质和竞技能力为主，同时高校培养竞技体育人才又离不开教育这一载体。教育是人才培养的土壤，如果忽视教育，那么不可能培养出全面发展的竞技体育人才。①

“体教融合”是“体教结合”的升华，弥补了“体教结合”中以体育部门为主导、忽视教育部门的作用以及体育部门和教育部门在体育人才培养方面职能不明晰的弊端，而对体育部门、教育部门给予同等程度的重视，使两个部门在培养体育人才的过程中消除壁垒，统一思想和目标，明确各自职责，并相互沟通，共同设计体育人才培养方案，以推进学校教育与竞技体育人才培养的深度融合，全面提高学生的综合素质，培养优秀的体育人才，并促进学校体育的健康与持续发展。

二、“体教融合”的意义

（一）实施素质教育的科学途径

中国教育将“立德树人”作为根本任务，将“健康第一”作为根本理念，贯彻这一根本理念，完成这一根本任务，都离不开素质教育，而体育在

① 高建玲.我国普通高校推进“体教融合”的路径解析[J].当代体育科技，2020，10（36）：138-140.

普及素质教育及推动素质教育发展方面发挥着非常重要的作用，具体表现为培养学生乐学的态度，提升学生的体质健康水平，锻炼学生的意志品质，促进学生健康人格的形成。但目前来看，我国学生缺乏运动兴趣，身心健康状况不乐观，缺乏良好的体育道德素养，良好的体育锻炼习惯尚未在大多数学生中形成，终身体育意识淡薄。为此，学校体育改革迫在眉睫，这就要求树立“体教融合”的理念，推进学校体育教育体系的改革与完善，促进学校体育教育水平的提升，使体育在培养学生综合素质及推进学生全面发展方面的重要价值充分发挥出来。

（二）培养体育人才的重要路径

我国在培养竞技体育运动员方面建立了一套专门的体制与制度，并在实践运行中取得了一定的成果，这是中国体育能够在世界体坛占据一定位置的重要原因之一。虽然我国有大量优秀的竞技运动员，我国在世界各大竞技体育比赛中取得了无数的好成绩，但我国尚未发展成为名副其实的“体育强国”。我国从“体育大国”迈向“体育强国”的道路之所以充满坎坷，主要原因有我国体育事业市场化水平低；篮球、足球等重要竞技体育项目的竞技成绩不理想；缺乏竞技体育后备人才，人才断层严重，培养效率和质量都不高等。在这一背景下，树立“体教融合”的体育人才培养理念，以拓展我国对竞技体育后备人才进行选拔与培养的范围，扩大体育人口规模，解决竞技体育后备人才培养后劲不足及优秀运动员断层的问题。此外，“体教融合”理念强调在竞技体育人才的培养中不能忽视文化教育，要维护所有学生的受教育权，使学生在文化教育和运动训练的过程中全面提升思想道德素养、文化知识素养、运动能力素养以及创新素养，这有助于为国家培养全面型体育人才，这也是现代社会发展及竞技体育发展的基本要求。

第二节 “体教融合”视角下高校篮球教师的培养

在高校篮球教学中，篮球教师扮演着开发者、组织者、引导者等重要角色，是篮球课堂教学的主导人物。篮球教学质量的好坏及校园篮球的发展水平直接受到篮球教师专业素养的影响。因此要特别重视对高校篮球教师的培养，在“体教融合”理念下开展职前培养和在职培训工作，提高培养效率，提高篮球教师的专业水平，进而促进高校篮球教学的发展。

一、高校篮球教师职前培养

（一）高度重视能力培养

高校篮球教师主要源自于高校体育教育专业的硕士或博士研究生，培养优秀的体育教师是高校体育教育专业的主要教学目标与任务，因此该专业在篮球教师职前培养方面肩负重任。高校体育教育专业在培养教育人才的过程中，要重点培养学生实施素质教育的能力，其他培养单位也要将此作为一个重点培养方向，切实提高未来篮球教师实施素质教育的能力。

高校篮球教师应具备良好的思想品德，拥有良好的身心素质，并且在文化知识能力、教学能力、科研能力、创新能力等方面达到专业要求，因此要加强对高校篮球教师综合能力的培养，在培养效果的评价中，将各部分能力均作为重要考察指标，切实提高未来篮球教师的综合素养。为达到这一目标，要制订科学的篮球教师人才培养方案，设置丰富而专业的培养课程，提高培养质量。

（二）优化课程设置

为培养出既专业又全面发展的高校篮球教师，高校体育教育专业应合理设置并不断优化课程，要符合以下三个“统一”。

1. 基础性和前沿性的统一

为培养篮球教师而设置专业课程时，最根本的课程内容是专业基础知识，而最能体现课程时代性的是学科前沿知识。设置课程内容时，专业基础知识和基本技能必须要务实，在此基础上与时俱进，结合专业知识而提出前沿性学科问题，满足基础性和前沿性有机统一的要求。

一方面，体育教育专业研究生学习的专业理论知识应该是全面而广泛的，要将这些知识牢牢掌握，要清楚而深入地理解体育的发展史、体育重要理论等，从而为学习具体项目的专业知识而奠定良好的基础。

另一方面，体育教育专业要紧跟时代潮流，了解社会发展对体育教育人才的需求，从而不断更新课程内容，补充具有前沿性的学科科研成果，与时俱进，促进体育教育专业学生思维的拓展，培养高层次的体育教育人才。这也是我国体育教育事业与时俱进、走向时代发展前沿的要求。

2. 理论性和实践性的统一

高校体育教育专业设置研究生课程时，要对社会的实际需求进行考虑，突出课程的应用性和实践性，不能过分强调课程的理论性而忽视了对体育教育专业研究生教学技能的培养。要适当增加实践类、应用类课程的比例，使学生既要掌握理论，也要掌握方法，同时要给学生创造实践机会，使其在适宜的场合将所学知识和技能运用到实践中，在实践中对他们解决问题的能力进行培养。实习课给学生提供了体验教师角色的机会，使学生提前感受将来成为体育教师后给学生讲课的心情，通过转变角色来培养学生的实践教学能力，使学生熟练专业教学技能，为将来成功就业打好基础。

3. 整体性和层级性的统一

面向体育教育专业研究生设置课程及完善课程体系时，要遵守体育教育人才的培养理念，考虑研究生未来职业需要，突出课程的专业性、整体性以及层级性。高校不能因为教学条件有限而随意缩减课程，要尽可能创造条件去设置与实施完整的课程。在完整的基础上追求层次性，解决不同课程之间层级不清晰、界限模糊的问题。要保证课程的完整性与层级性，就要循序渐进地设置本科课程、硕士课程和博士课程，理顺三类课程之间的内在联系，把握好各类课程的独特性，避免不同层级课程的重复，各级课程的教学内容应该是逐渐拓展和延伸的，要不断扩大课程的广度与深度，同时又不失专业性和实用性。

（三）注重能力考评

高校体育教育专业在培养篮球师资的过程中，还要重视定期对培养对象进行能力考核，重点考核教学能力、运用信息技术的能力等，通过考核发现问题，了解哪方面的专业能力或基础知识还比较欠缺，从而及时弥补与完善，逐步增加专业知识储备、提升专业教学技能水平，实现全面发展，提高篮球师资培养的效果。

二、高校篮球教师在职培训

（一）培训内容

高校篮球教师的培训内容以篮球教师应该具备的素质和能力为主，将教师基本素质与能力作为主要培训内容，能够有效提升篮球教师的综合素养，提高其教学能力。具体来说，高校篮球教师应该具备以下几方面的能力。

1. 教学能力

篮球教师的教学能力表现为运用教材教法的能力、讲解示范的能力、组织管理能力、纠错能力等。篮球教师的众多教学技巧与能力中，运用教材教法是最为基础的能力之一。篮球教师在教学过程中要对教学大纲有准确的把握，要学会对教材的恰当处理，并能依据大纲对教学方法进行合理选择，从而提高课堂教学效果。在篮球教学方法中，讲解和示范是最基本的方法，篮球教师要具备良好的讲解与示范能力，能够通过精炼准确的讲解和直观优美的示范而提高学生的学习兴趣。

2. 业余训练能力

篮球教师的主要职责与任务是组织与实施篮球教学工作，但如果学校没有配备专门的篮球教练员，那么篮球教师同时也要担任教练员角色，负责篮球运动队的训练工作，这就需要篮球教师具备一定的训练能力，有较好的执训素养。具体要求是专业技术过硬，运动训练学、运动保健学等相关学科知识掌握扎实，能够对训练计划和处方进行合理设计与实施，保证通过科学而系统的训练使运动队的篮球水平得到有效的提高，并能带领运动队取得好的比赛成绩。

3. 思想品德教育能力

篮球教师要具备所有教师岗位从业者都应具备的职业道德素养，如为人师表、教书育人、爱生敬业等，篮球教师只有自己先具备了良好的道德素质，才能在篮球教学中对学生进行思想品德教育，才能通过自己的一言一行去积极影响学生，起到言传身教的表率作用。篮球教师在教学过程中要以理育人，以情感人，这样才能赢得学生的尊敬与信任，成为学生学习的榜样。

4. 运用现代信息工具的能力

随着现代教育技术的不断发展，大量的信息技术手段被运用到学校教育中，体育教学中以计算机网络为基础的现代化教学手段的运用十分频繁，这就对篮球教师的信息素养和信息化教学能力提出了一定的要求。篮球教师要与时俱进，不断学习与掌握先进的信息化教学手段，能够熟练操作计算机，尤其是常用的教学软件，从而发挥信息化教学手段的作用，提高篮球课堂教学效率。

5. 科研创新能力

现代教育教学的深度改革与快速发展对教师的科研能力提出了一定的要求，培养科研型教师成为各大培养单位的重要任务。高校篮球教师要具备良好的科研能力，充分掌握科研方法和技巧，及时学习篮球方面的科研成果，这有助于篮球教师以科学严谨的态度去审视篮球教学问题，用科学的方法去解决篮球教学问题，提高教学的科学性。在科研过程中必然离不开创新，只有与时俱进，才能创造出先进的科研成果，走在学科前沿，发挥重要的引领作用。

（二）培训形式

高校篮球教师的在职培训形式与途径主要有以下几种。

1. 开展教研活动

高校体育教研室在培训体育教师方面发挥着重要作用，一般通过开展形式多样的教研活动来进行培训，常见形式如下。

（1）集体备课。

（2）观摩教学。

（3）专题讨论。

（4）组织教学研究课。

（5）举办经验交流会。

（6）召开公开评议会等。

2. 科学研究活动

有计划地组织篮球教师进行调查研究，并结合篮球教学、篮球课外活动、篮球训练、篮球比赛等实际情况开展科学研究，定期或不定期地举行学术交流会、学术研讨会。

3. 自学

自学和继续教育是篮球教师培训、进修的基本途径。篮球教师要从自己的实际情况和专业需要出发制订自修和继续教育计划，从而有效提高自己的专业素养。

4. 专题讲座

结合高校篮球教学改革的实际情况，邀请有经验、有成效的优秀篮球教师或学者、专家进行专题讲座或经验介绍。这一培训形式必须紧密结合实践，灵活采用。

5. 短期培训

高校根据实际需要而聘请专家或知名教师对篮球教师进行短期培训（包括脱产、半脱产、不脱产），这是提高篮球教师业务能力的重要方法。[①]

① 王家宏等.21世纪体育教育人才培养的研究[M].北京：北京体育大学出版社，2007.

第三节 “体教融合”视角下高校篮球高水平运动员的培养

一、“体教融合”视角下我国高校篮球高水平运动员的培养现状与策略

（一）我国高校篮球高水平运动员的培养现状

“体教融合”是我国高校培养优秀运动员的重要理念和模式，下面在这一教学理念下简要分析我国高校篮球高水平运动员的培养现状与问题。

1. 培养经费

我国政府对高校高水平篮球运动员的培养较为重视，从资金上给予了很大的支持，政府拨款成为培养运动员的主要经费来源，而其他筹资渠道较少。单一的经费来源尚不能满足高校高水平篮球运动员培养的需要。

2. 学训矛盾

高校高水平运动员具有“大学生”和“运动员”的双重身份，作为“学生”要以学习为重，而作为“运动员”又要参加训练和比赛，这就产生了学训矛盾，尽管高校已经通过制定具有弹性化的学分制来缓解这一矛盾，但运动员文化学习时间少，文化考试成绩差的现象依然普遍存在，很难从根本上解决，这个问题对大学生篮球运动员的持续发展及就业造成了困扰。

3. 训练问题

高校篮球运动队建设中存在球员综合素质良莠不齐、教练专业素养不高、训练时间不合理、学训矛盾严重、训练方法缺乏创新、训练环境有待改善等突出问题，这些问题的存在直接导致高校高水平篮球运动员的培养缺乏科学性和高效率。

4. 专业团队问题

培养一支出色的篮球运动队，需要先建立一支包括篮球教练员、裁判员、医务人员、运动营养专家、专门管理人员等相关人员的优秀专业团队，

但目前来看，我国很多高校都缺乏这样的专业队伍，教练员业务能力有限、裁判员专业素养不够、运动营养专家和医务人员配备不齐、管理人员缺乏统筹管理能力等问题普遍存在，不专业的团队必然会影响专业篮球队的建设。

（二）我国高校篮球高水平运动员的培养策略

要改善我国高校高水平篮球运动员的培养现状，解决主要问题，需要做好以下几方面的工作。

1. 规范选拔程序

高校设立专门机构来负责高水平篮球运动员的招生工作，按全国统一标准招生，落实资格认证相关政策条例，严密把控招生过程，规范整个过程中各个程序和环节的具体工作，提高选拔门槛，以有效提升人才选拔的效率和质量。

2. 解决学训矛盾

（1）保证大学生篮球运动员的文化课学习时间，使运动员的文化课成绩达到一定的要求，否则会影响运动员的就业。

（2）为鼓励大学生篮球运动员积极学习文化课程，可建立恰当的奖惩机制，如向文化成绩突出的运动员发放奖学金，对成绩特别差的运动员给予一定的处罚，使大学生运动员自觉学习文化课程。这是解决学训矛盾的有力措施。

3. 提高教练员专业水平

（1）去除委任教练的制度，实行聘请教练的模式，采用教练负责的方法，聘请外界专业的、高水平的教练去高校指导篮球运动员训练。通过这种方法能够提升我国的大学生篮球联赛水平，也可以挖掘一些优质的篮球教师和教练。

（2）相关部门颁布一些规定和政策来加快优秀篮球教练的培养，加强岗位培训，提升篮球教练的专业水平。

（3）高校在教练员管理方面采取奖励机制来调动教练员执训的积极性，使教练员主动通过自修、培训等方式而提高专业水平。

二、高校高水平篮球运动员核心竞技能力的培养

篮球运动员的竞技能力包括体能能力、技术能力和战术能力以及心智能力。其中技战术能力居于核心地位，下面仅对篮球运动员的技术能力培养展开分析。篮球技术训练是培养与提升篮球运动员技术能力的重要路径，不同位置角色球员的技术培养及练习方法如下。

（一）前锋球员技术能力培养

1. 底线突破抢位跳投练习

将前锋队员分成两个组，上线人手一球，圆圈×在限制区内防守。②给①传球，①接球并从底线突破，圆圈×为进攻队员抢位跳投创造机会，①在圆圈×前面跳投，抢篮板球后排在上线的队尾。②传球后排在前锋位置的队尾，依次进行（图7–1）。

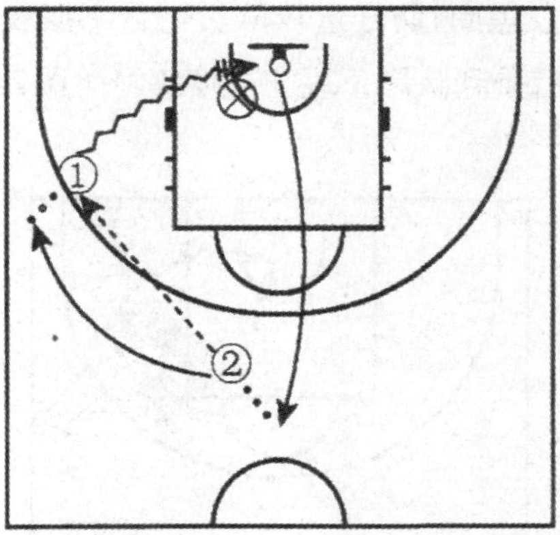

图7-1 底线突破抢位跳投[①]

2. 向底线空切接球上篮练习

每组两名前锋共用一球，一攻一守。黑圈1防守进攻队员①，①摆脱防

---

① 于振峰.现代篮球技术学练设计[M].北京：高等教育出版社，2013.

守，从底线向篮下空切，②传球给①，①接球上篮或跳起接球补篮或直接扣篮。之后攻守交换继续练习（图7–2）。

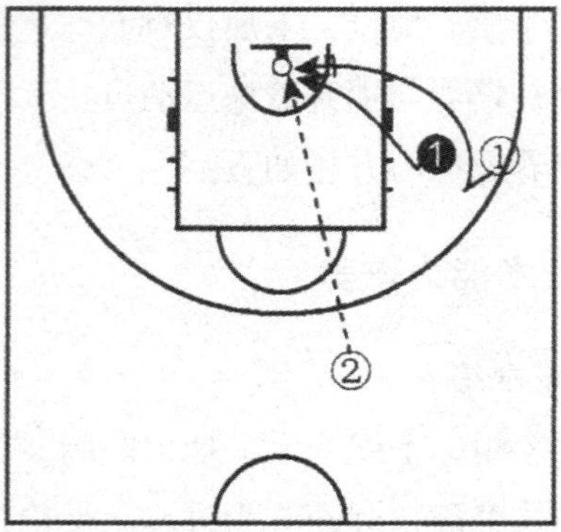

图7-2　向底线空切接球上篮

3. 摆脱接球突破上篮练习

两名前锋用一球。黑圈1防守进攻队员①，①摆脱防守，圆圈×给①传球，①接球突破上篮后排到队尾，攻守交换练习（图7–3）。

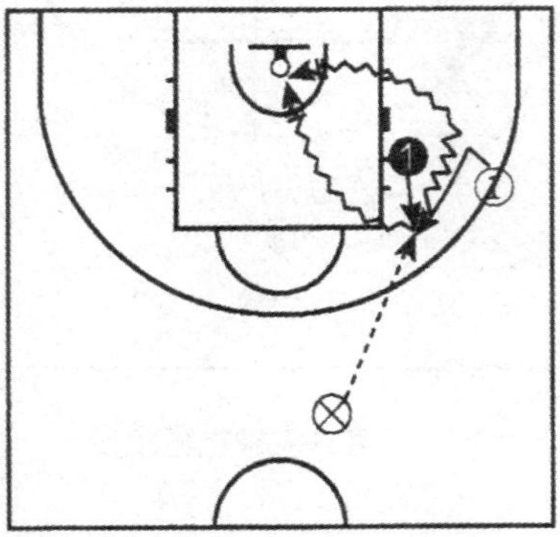

图7-3　摆脱接球突破上篮

4. 两点移动投篮练习

每组两名前锋用一球，一名队员投篮，一名队员抢篮板球后传球。①给②传球，②在0° 中距离或远距离接球后跳投，然后向上线移动到70° 以内的位置接球投篮。从0°～70°连续投篮10～20次，投中10次为一组，完成若干组练习。之后①、②交换练习（图7–4）。

图7-4 两点移动投篮

5. 防前锋队员底线空切接球练习

每组两名前锋，一攻一守，圆圈×持球站在外线后卫位置。黑圈1防守进攻队员①，①在前锋位置摆脱防守接圆圈×的传球。然后突然向底线空切，黑圈1马上紧追，并在移动中双手高举干扰进攻方的传、接球（图7–5）。

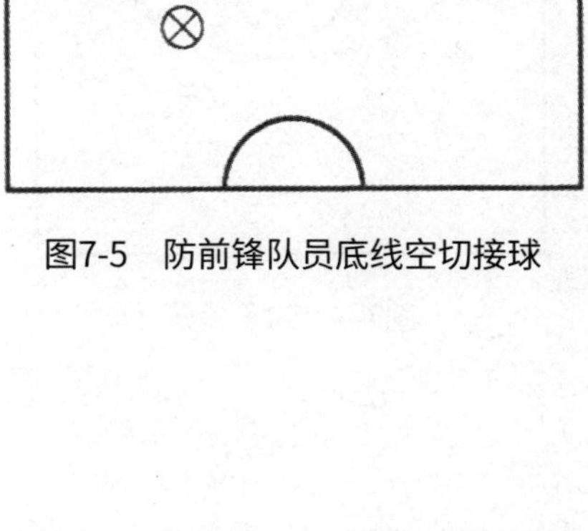

图7-5 防前锋队员底线空切接球

（二）中锋球员技术能力培养

1. 移动策应传、接球练习

①是中锋队员，②、③、④为外线队员，四攻四守。①策应接外线队员的传球后，再回传给摆脱空切的外线队员。外线队员接球后再向其他外线队员转移球，①观察球的位置，然后伺机移动策应要位接球，之后再回传给摆脱的外线队员。每组练习1分钟后，攻守方交换练习（图7–6）。

图7-6　移动策应传、接球

2. 内中锋位置上接球跨步勾手投篮练习

①接球后，向左侧横跨勾手投篮。自投自抢，然后传球给圆圈×。连续投10～20次为一组。依次进行，左、右两侧都要练习（图7–7）。

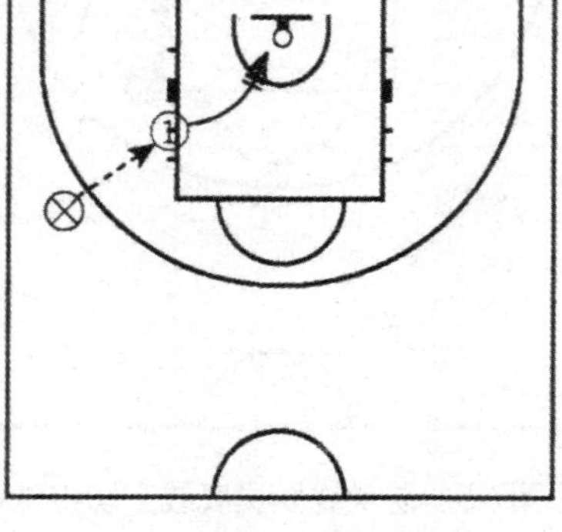

图7-7　勾手投篮

3. 捡地板球扣篮练习

队员②、③间隔5米，前面各放一球。①从篮下跑到②身前捡球，运球扣篮或直接扣篮。然后再跑到③面前捡球扣篮。②和③把①扣篮的球归到原位。每组连续投篮10～20次。每人完成若干组后轮换，按同样方法继续练习（图7–8）。

图7-8 捡地板球扣篮

4. 在限制区左、右两侧内中锋位置接球后勾手投篮

$\otimes_1$传球给①，①接球后转身向上线，右手勾手投篮，自投自抢后传给$\otimes_1$，然后快速移动到右侧内中锋位置接$\otimes_2$的球，转身向底线右手勾手投篮，自投自抢后传给$\otimes_2$……连续投10次为一组，左、右两侧依次进行（图7–9）。

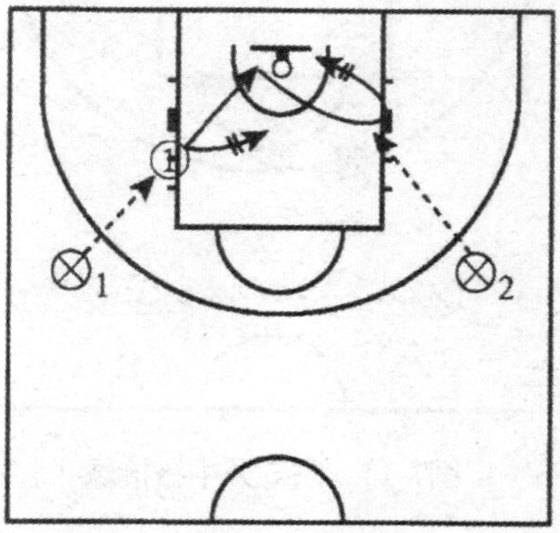

图7-9 勾手投篮

5. 背对篮接球转身突破投篮

每组两名内线队员，一攻一守。中锋①在左侧内中锋位置背对球篮接球后，转身面向球篮，然后用假动作突破上篮（图7–10）。

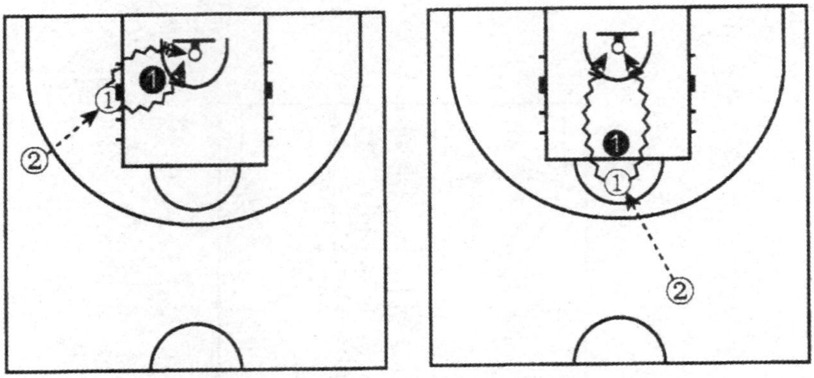

图7-10 背对篮接球转身突破投篮

6. 防守外中锋接球的练习

当左侧后卫②持球时，黑圈1在近球侧前方防守外中锋①；当②传球给③时，黑圈1从①身前绕到另一侧实施防守（图7–11）。

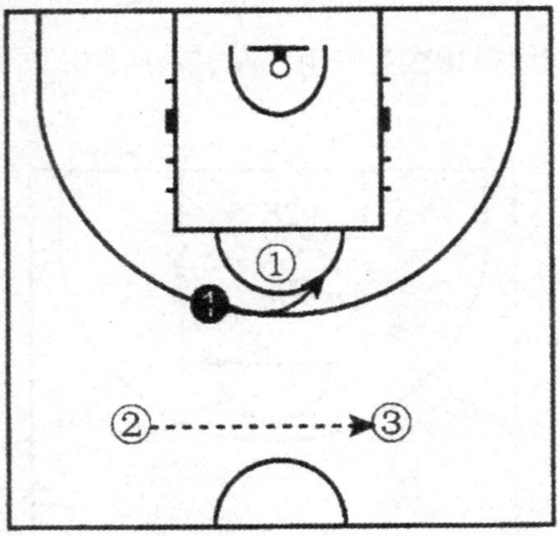

图7-11 防守外中锋接球

（三）后卫球员技术能力培养

1. 连续突破上篮练习

①持球站在三分线外，运球突破上篮，接未落地的球，快速跑回原位置继续练习。投中10次为一组，反复练习（图7–12）。

图7-12 连续突破上篮练习

2. 摆脱传、接球练习

每组两名后卫。①和②传球，黑圈1和黑圈2防守。①和②尽量在自己习惯的位置上接球，连续多次传、接球后，可突破上篮或跳投。进攻后转防守方，防守队员休息，新的一组进攻（图7–13、图7–14）。

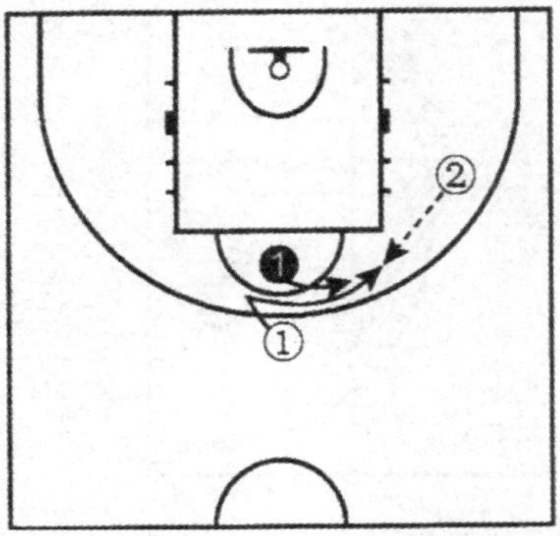

图7-13 摆脱传、接球练习一

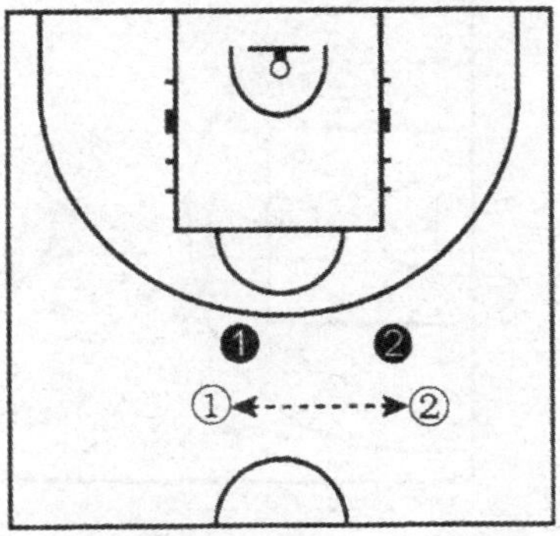

图7-14 摆脱传、接球练习二

3. 快速运球突破上篮练习

后卫队员每人一球站在①的位置，内线队员站在限制区以外，圆圈×或防守队员在另一侧罚球线附近防守。后卫队员①给内线队员②递交球，②投篮，自投自抢后传球给插中或拉边接一传的①，①接一传后从中路迅速运球推进，到前场突破防守迅速上篮。自投自抢后排到队尾（图7–15）。

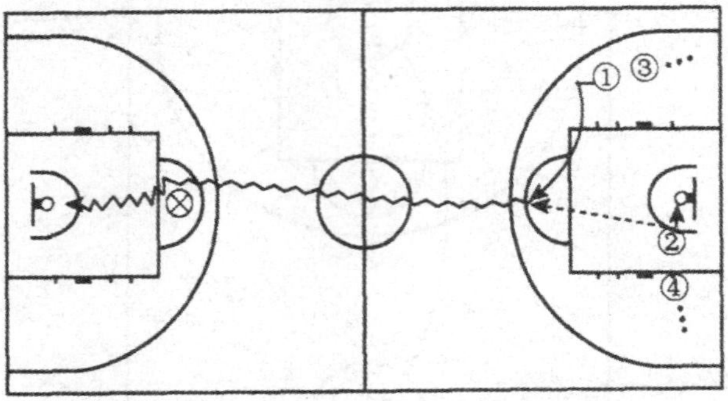

图7-15 快速运球突破上篮

4. 运球向前场推进练习

每组两名后卫共用一球，一攻一守。黑圈2和黑圈3在后场左右两侧固定位置防守。练习时，黑圈1防守进攻后卫队员①，①摆脱防守接圆圈×掷的端线界外球后向前场运球推进，突破后场的防守与黑圈1的夹防（图7–16）。

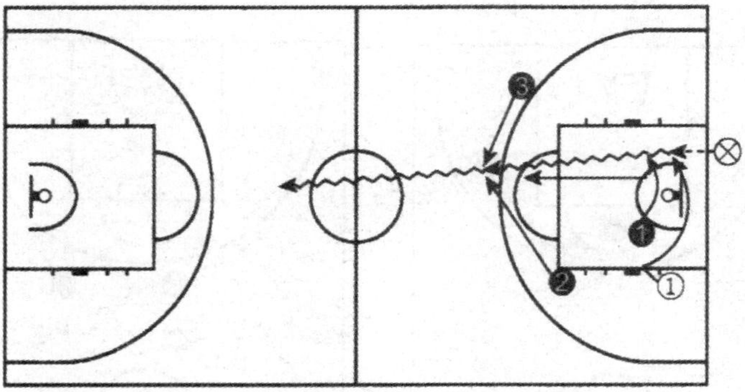

图7-16 运球向前场推进

5. 移动投篮练习

3名后卫队员一组，一组一球，一人投篮，其余两人抢篮板球并传球。每组投10～20次轮换。每组占用半场进行练习。练习方法有两种，一是弧顶两点中、远距离投篮，如图7–17所示；二是五点中远距离投篮，如图7–18所示。

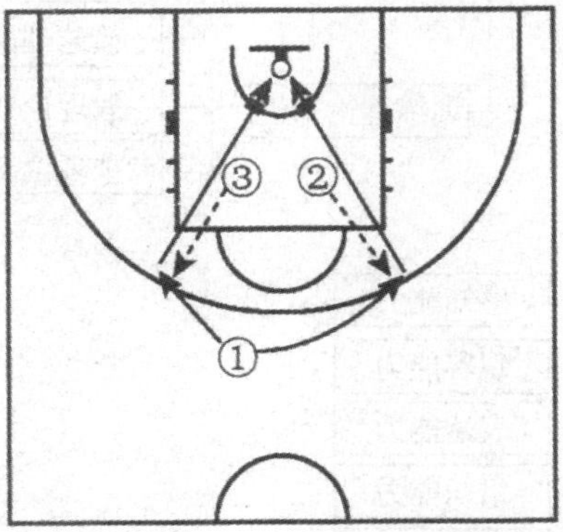

图7-17　弧顶两点中、远距离投篮

图7-18　五点中远距离投篮[①]

第四节　“体教融合”视角下高校篮球教练员的培养

一、高校篮球教练员的基本素质

篮球教练员是篮球训练活动的组织者和领导者，同时又是篮球训练活动的督促者和实施者，他们的素质水平直接关系到篮球训练工作的质量和效果。篮球教练员应具备两个方面的素质，即思想品德素质和篮球专业素质，

① 于振峰.现代篮球技术学练设计[M].北京：高等教育出版社，2013.

各项素质又包含具体的内容，如图7–19所示。

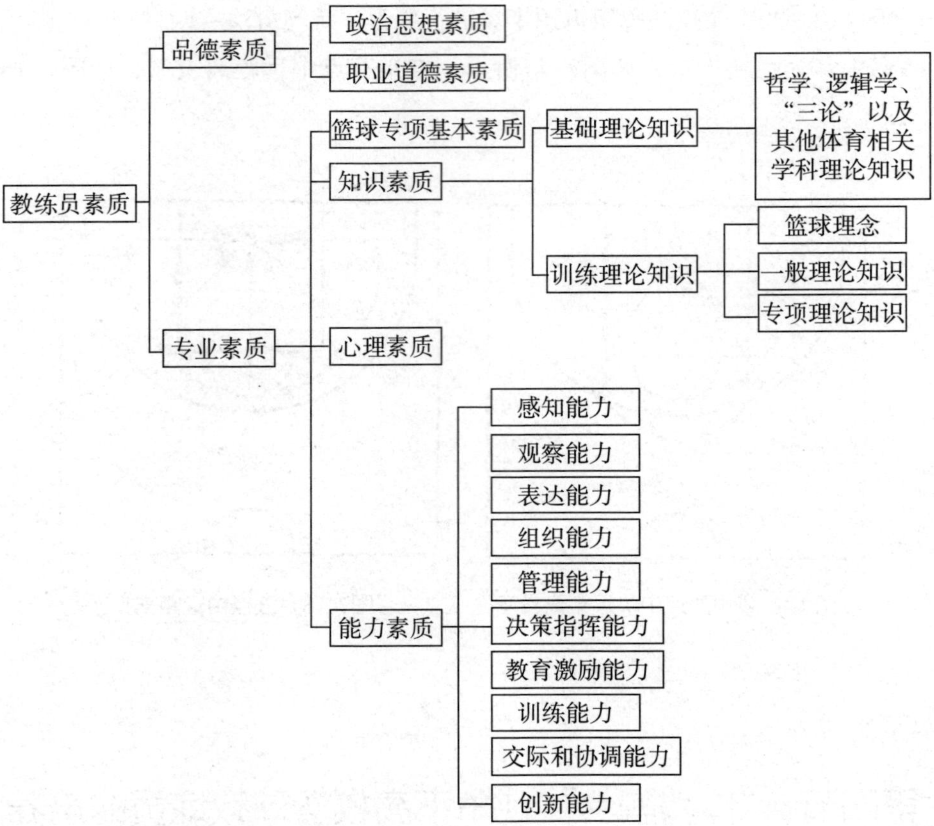

图7-19　篮球教练员素质结构[①]

（一）品德素质

1. 政治思想素质

高校篮球教练员的政治思想素质主要是指教练员能正确认识和理解党和国家的体育方针政策，明确社会主义市场经济条件下竞技体育和学校体育的

① 周龙，吕俊莉，孙卫星.高校篮球综合训练理论与实践[M].北京：当代中国出版社，2011.

功能，具有为社会主义体育事业服务和献身的良好道德品质。

2. 职业道德素质

篮球教练员的职业道德是指教练员在训练和培养运动员过程中必须遵循的行为准则和规范。篮球教练员的职业道德非常重要，起到对运动员的教育作用和对运动训练过程的调节作用。篮球教练员应具备下列职业道德。

（1）热爱祖国，献身篮球事业。

（2）以身作则，严于律己。

（3）团结协作，公平竞争。

（4）勇于创新，开拓进取。

（二）专业素质

1. 篮球专项素质

篮球教练员应该具备良好的专项素质，要有良好的技战术能力，不仅要理解技战术的内涵、特征，还要掌握技战术的发展趋势，在实战中熟练运用技战术，并根据比赛需要而创造新的技战术组合。

2. 知识素质

篮球教练员的知识素质水平反映了其智力水平，良好的智力是教练员在篮球训练工作中认识问题和解决问题的基本条件。教练员不仅要掌握篮球运动的基本知识，还要掌握教育学、心理学、训练学以及运动人体科学等相关学科知识，在储备知识的基础上要有灵活运用知识的能力。所以说知识素质不仅包括知识，还包括能力。篮球教练员要不断提高自己的文化水平，积极开拓思维，提高审美素养，掌握创新知识和技能，积累经验，丰富阅历，从而在篮球训练中充分发挥自己的职能和价值，培养运动员的知识素质与能力素质，提高训练水平，促进大学生篮球运动员全面发展。

对篮球教练员来说，“智”是一切活动的中心，教练员展开训练工作，或在比赛中进行临场指挥，都要有智慧，有谋略，有决策。具体来说，篮球教练员应重点掌握以下几方面的知识。

（1）体育基础知识，包括教育学、心理学、运动学、营养学等。

（2）运动训练理论知识，包括运动训练原理、运动训练原则与方法、运动训练计划制订、运动训练管理等方面的知识。

（3）篮球专项训练理论，包括篮球专项训练的目的与任务、专项训练要求、专项训练内容、专项训练方法、专项训练方案以及篮球竞技能力各要素的训练要点。

3. 心理素质

优秀的篮球教练员往往具有良好的心理素质，篮球教练员的教练指导工作尤其是临场指挥工作的效果都与其自身心理素质有关。教练员的心理素质也对运动队产生重要影响。篮球教练员的心理素质越好，运动队的向心力就越强，运动员在训练和比赛中的发挥更稳定、扎实。反之，如果教练员心理素质差，存在明显的性格缺陷，情绪易激动，意志不坚定，那么在临场指挥中很难带领队伍取得好成绩，还会对篮球队的比赛信心产生消极影响。

4. 能力素质

篮球教练员的能力素质包括三个层级，各层级包含的能力要素不同，且发挥的作用也不同，具体见表7–1。

表7-1　篮球教练员的能力素质结构①

三个层次	具体内容	作用
基础层次	自学能力	学习和掌握篮球相关信息
	观察能力	
	感知能力	
	理解能力	
中间层次	想象能力	运用思维来筛选、加工和组合从外界获取的篮球知识、信息
	判断能力	
	科研能力	
	综合能力等	
最高层次	表达能力	运用信息和知识指导训练实践，解决训练问题
	组织能力	
	操作能力	
	创造能力等	

① 仇慧.高校篮球教程[M].哈尔滨：哈尔滨工业大学出版社，2006.

总之，要重视对高校篮球教练员品德素质和专业素质的培养，以适应高校篮球发展对教练员的要求，满足高校篮球运动的发展需要。除了品德素质和专业素质外，良好的体力对篮球教练员来说也是必不可少的。篮球教练员从事篮球训练、比赛等工作，工作量大，任务繁重，如果没有良好的体能，很难坚持在第一线完成各项工作。身体是革命之本，有好的身体素质，再加上好的心智能力和专业能力，篮球教练员必然能够在高校篮球运动的发展中发挥更大的价值，做出更多的贡献。

二、高校篮球教练员的培养途径

高校篮球运动员的培养质量直接受到篮球教练员的影响，篮球教练员水平高，培养出来的运动员才有可能是高水平运动员。现代篮球运动发展越来越先进，对从业人员的综合素质提出了越来越高的要求，而且各国篮球运动的竞争归根结底也是人才的竞争。所以，篮球教练员作为高校篮球发展中不可缺少的人才，必须在文化知识、业务素养、科技创新、科学研究等方面都达到一定的水平，这也是培养高校篮球教练员的要求和目标。下面具体分析培养高校篮球教练员的主要途径。

（一）院校培训

院校培训可以发挥体育院校科研、设备和人才的优势，同时结合多种形式的学习和深造手段来有效培养篮球教练员。院校培训的形式如下。

1. 全日制学习

以退役优秀运动员或有培养前途的青年教练员为对象，参加体育院校研究生学位班的学习，提高培养对象的知识素质。

2. 单科学习

采取单科结业的学分制，修满学时数，考试合格，就可以获得学分，待修完研究生的学分，再发给学习证明。

3. 岗位培训

岗位培训的指导思想是提高篮球教练员的思想素质、业务水平和管理能力，从教练员队伍的实际出发，结合高校篮球训练与竞赛的实际，强调培训的针对性、实用性，贯彻学用结合、按需施教，注重教学训练、竞赛指挥、队伍管理和职业道德等素质的培训。

（二）岗位实践

通过院校培训的教练员，最终要在教练员岗位上发挥自己的才能，通过岗位实践也能有效提高教练员的素质，具体采取以下几种方式。

1. 自学

积累自身和他人在篮球训练和比赛中的经验，总结教训，突出重点，实事求是，发现问题的实质，得出正确结论，这样才对下次的实践活动有用。

2. 在实践中学习

教练员要重视岗位实践，在实践中学习和应用相关知识，解决问题，提高实践能力。

3. 出国留学

对于有培养前途的年轻教练员，可选送去篮球强国进行培训，使教练员了解先进国家的篮球理论，学习成熟的篮球训练和管理方法。

第五节 “体教融合”视角下高校篮球裁判员的培养

篮球裁判员在篮球比赛中发挥着至关重要的作用。篮球比赛的举办离不开篮球规则的约束，篮球规则是以文件的形式呈现的，文件中的相关规定是抽象的，要按这些规定比赛，需要裁判员去实践和评判。篮球比赛规则是在裁判员的工作中发挥作用的。如果篮球比赛中没有裁判员，那么比赛很容易陷入混乱，高校篮球运动的高水平发展必然离不开高水平裁判员，因此在“体教融合”视角下培养优秀的篮球裁判员非常重要。

一、高校篮球裁判员的基本素质

高校篮球运动的不断发展对篮球裁判员的基本素质提出了一定的要求，包括对其身心素质、思想素质以及业务能力均提出了要求，只有全面培养与提升篮球裁判员的这些素质，才能有效提升篮球裁判员的裁判能力和水平，提高高校篮球比赛水平。

下面简单分析高校篮球裁判员的基本素质。

（一）思想素质

热爱篮球事业、对裁判工作十分忠诚，责任感强，职业道德良好，工作态度认真，公平公正，团结一致，这是合格篮球教练员应该具备的思想品质，也是篮球裁判员素质结构中最基本的素质。

（二）身体素质

随着篮球运动的不断发展，高校篮球比赛尤其是大学生篮球联赛的竞争越来越激烈，具体表现为激烈的争夺、频繁的攻守转换和强烈的身体对抗等，这一发展趋势对裁判员的身体素质提出了很高的要求，裁判员只有拥有健康的体魄，大脑随着场上的激烈争夺而快速运转，准确判断，快速反应，才能适应比赛的需要，执行高效率的裁判工作，保证比赛的公平公正。

（三）心理素质

高校高水平篮球裁判员应该是沉着镇静的，果断自信的，临危不乱的，反应敏捷的，随机应变的，这些都是合格的竞技裁判员应该具备的心理品质。高校篮球比赛中，场上运动员激烈拼抢对抗，场下观众大声加油呐喊，在外界干扰下，裁判员的情绪必须保持稳定冷静，将心态调整好，对赛场上的问题妥善处理，调控好比赛过程。如果裁判员心理素质差，容易受外界干扰，情绪激动，心理逆反，就无法掌控整个比赛过程，在执裁过程中也容易做出极端行为，影响比赛的公平公正。

（四）专业素质

篮球裁判员应该对篮球比赛规则和裁判法十分精通，不仅要熟记各项规定，还要正确理解规则与裁判法。此外，裁判员要对篮球比赛规律、篮球技战术、篮球发展趋势等有全面的了解和掌握，并在有关部门颁发新规则后及时掌握，不断更新，提高自己的专业业务能力。

二、高校篮球裁判员的培养方法

（一）短期培训

1. 出国学习

国际篮联为培养合格的国际裁判员，经常在各大洲举办国际裁判员训练班。亚洲篮球联合会有时也举办规则研讨会、训练班等。我国为培养高水平篮球裁判员，国家体育总局也会派年轻裁判员参加这种训练班，中国篮球协会也受国际篮联或亚洲篮联的委托举办这种训练班，我国年轻裁判员有机会受到专业培训。

2. 有计划地学习

高校篮球裁判员有计划地自觉学习或由主管部门有计划有制度地组织学习。通常在我国实施篮球新规则之前，由中国篮球协会举办全国优秀裁判员训练班。学习期间，重点研讨规则修改的主要精神、特征以及对比赛的影响，以便提高认识，明确尺度，提高裁判水平。

3. 赛前临时培训

在比赛前，指定具有高等级称号且有实践经验的裁判员组织短期训练班，对参赛的裁判员进行职业道德教育和专业考核。

（二）实践锻炼

1. 观摩学习

高校篮球裁判员要主动向优秀的、参加过重大篮球比赛的经验丰富的篮球裁判员学习，多通过视频观摩优秀裁判员是如何工作的，对他们的技巧和经验进行学习和借鉴，弥补自己的不足。

2. 临场实践

篮球裁判员将篮球竞赛规则与裁判法熟练掌握后，要在篮球比赛实践中通过良好的裁判技能、技巧去履行这些条文规定，运用这些理论知识。只有在篮球比赛中不断实践，才能更加牢固地掌握篮球竞赛规则与裁判法，巩固这方面的记忆，而且执裁技能的运用也会越来越熟练，裁判能力也会越来越强，这对高校篮球比赛的发展具有重要意义。

3. 总结提高

裁判员在临场实践中会遇到许多问题，也会有成功的经验和失败的教训，通过分析研究，加强对篮球竞赛规则的理解，掌握规则与技、战术之间的关系，从而进一步提专业裁判素养，并形成自己的执裁风格。①

① 周龙，吕俊莉，孙卫星.高校篮球综合训练理论与实践[M]. 北京：当代中国出版社，2011.

第八章

“健康第一”视角下高校篮球教学保障体系的建设

高校篮球教学以增强学生体质、促进学生健康为根本目的，因此必须树立“健康第一”的教学思想，在正确教学思想的指导下开展篮球教学工作。在篮球教学过程中要为学生的健康与安全保驾护航，就要从营养、损伤康复以及医务监督等方面提供全方位的保障，构建包含这些基本内容的教学保障体系，提高篮球教学的安全性和实效性，为大学生的健康而服务。本章主要基于“健康第一”视角而对高校篮球教学保障体系的建设展开研究，主要内容包括运动营养、运动康复以及医务监督三方面的保障。

第一节 运动营养保障

一、篮球运动的营养特点

篮球运动是典型的同场对抗运动项目，运动员在空中争夺球，身体频繁接触，攻守快速转换，对抗十分激烈。现代篮球运动的发展对运动员的身材、体重以及各项身体素质都提出了严格的要求，只有拥有高大的身材、粗壮的体形、良好的身体素质，才有可能在较长时间的篮球比赛中完成爆发式的跳跃，顺利发挥各项篮球技术和战术，提高比赛实力和比赛成绩。而篮球运动员的身材、体重、身体素质等各项条件又与其日常营养、运动营养密不可分。

运动量大、运动强度大是现代篮球运动的基本特征，运动员在大强度的篮球训练和比赛中消耗大量的热能，如果不及时补充，达到供需平衡，则会影响运动表现。篮球运动是高消耗项目，其具有自己的营养特征，具体表现在以下几方面。

（1）篮球运动员每天补充全面而丰富的营养，弥补体内消耗的能量，以满足健康和运动之需。篮球运动的供能特征决定了篮球运动员每日膳食中碳水化合物（糖类）、脂肪、蛋白质三大营养物质的补充比例分别为55%、25%和20%。

（2）普通人一日三餐基本就能满足机体需要，而篮球运动员一日不止三餐，每餐食物总量较少，遵循少食多餐的进食原则。以促进肠胃功能的吸收与消化，充分供给能量，从而在大负荷的篮球训练与比赛中达到能量供需的平衡。

（3）糖酵解供能和磷酸原供能是篮球运动的主要供能方式，因此篮球运动员每天摄取的食物中有丰富且容易消化和吸收的糖。

（4）蛋白质具有增强肌肉力量、修复组织、促进能量代谢的作用，因此篮球运动员非常重视蛋白质尤其是优质蛋白的补充，每天补充的蛋白质中有60%左右是动物蛋白。

（5）矿物质和维生素是篮球运动员每日膳食中不可缺少的营养素，矿物质食物中含有丰富的钙、铁、磷等元素，维生素食物中含有丰富的B族维生素。

（6）酸碱平衡是篮球运动员日常饮食的一个重要原则，运动员每天补充一定量的碱性食物如水果、蔬菜，以增加碱储备。

篮球运动员每日所需营养可参考表8-1。

表8-1 篮球运动员每日营养表①

三大能源物质（克/千克体重·日）		矿物质（毫克/日）		维生素（毫克/日）	
糖	9.5 ~ 10.8	钙	1 200 ~ 1 900	维生素A	3.2–3.7
蛋白质	2.3 ~ 2.4	铁	25 ~ 40	维生素B_1	3.0–4.2
脂肪	1.8 ~ 2.0	磷	1 500 ~ 2 370	维生素B_2	3.8 ~ 4.8
		钾	4 000 ~ 5 000	维生素B_3	18
		镁	450 ~ 650	维生素B_6	6 ~ 9
				维生素B_9	450 ~ 550
				维生素B_{12}	0.005 ~ 0.008
				维生素C	190 ~ 240
				维生素E	25 ~ 35
				PP（尼克酸）	30 ~ 40

图8-1是篮球运动员每日饮食指南，说明了每天需要补充的食物和次数，这是一个基本的参考，运动员要视实际情况而增减或调整。

① 孙民治.篮球运动高级教程[M].北京：人民体育出版社，2000.

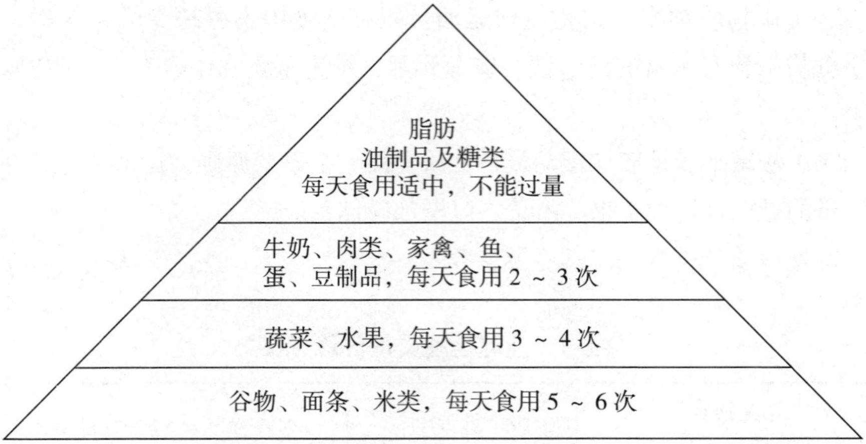

图8-1 篮球运动员每日膳食营养指南①

二、大学生在篮球学练中合理补充营养

（一）合理补充营养的重要性

大学生参与篮球运动，不管是日常教学、课余锻炼还是篮球比赛，都需要补充营养，合理补充营养有助于使身体形态、身体机能和身体素质不断接近篮球运动的要求，有助于提高篮球运动水平。

大学生篮球运动员从选材、训练到最后成为优秀的运动员需要经历很长的时间。大学生体能素质一方面受遗传因素的影响，一方面受后天营养、运动等因素的影响，长期合理摄取营养，全面补充营养，有助于增强体能。而如果营养不全面、不均衡，营养不良或营养过剩，都不利于身心健康，无法保证体能达到运动的要求，保证在篮球练习中充分发挥运动水平。因此，合理补充营养是保证大学生顺利参与篮球运动的基本条件之一。

① 胡磊，张超.篮球运动技战术与体能营养研究[M].成都：西南交通大学出版社，2018.

篮球运动具有突出的竞技性、对抗性、竞争性，对参与者的体能提出了较高的要求，大学生参与篮球运动消耗的能量比安静状态下消耗的能量多很多。在大强度的篮球训练中，大学生的身心状态会发生明显的变化，从运动生理和运动生物化学的角度来看，这些变化主要表现为物质代谢加快，消耗大量营养物质，尤其是热能物质，分泌更多的激素，加快酶的生成和反应过程，增加心理负荷，大量体液流失，产生酸性代谢物，等等。这些变化使得大学生在篮球运动中对各种营养物质都有着强烈的需求。

中华民族有着优秀的餐饮文化，美味佳肴营养丰富，深受国内外人民的喜爱。但随着营养学和运动营养学的不断发展，人们发现一些传统烹饪方式存在健康隐患，再加上人们对运动营养的认识比较少，导致膳食营养不均衡的问题在大众中普遍存在，大学生同样面临这一问题。大学生要在篮球运动中取得良好的学习效果和训练效果，就必须合理补充营养，这是一个不可忽视的基本条件。因此大学生应适当改变传统的饮食习惯，树立正确的营养观和健康观，充分认识营养与运动水平的关系，在日常生活中合理饮食，养成健康的饮食习惯。

（二）合理补充营养的要点

大学生参加篮球教学、篮球训练及篮球比赛活动，都要特别注意合理补充营养，要谨记下列几项要点。

（1）合理搭配各类食物，从不同类型的食物中补充身体所需的营养，既要补充三大能量物质，也要补充其他营养素。各类食物的比例恰当。每日饮食的总热量要与当日的活动量尤其是运动量保持一致。根据不同教学阶段、训练阶段及比赛的需要而调整饮食。

（2）根据篮球运动的特点和自己的实际情况而合理制定饮食制度，安排好一天的饮食次数、每餐的时间以及每餐的食物搭配。刚结束篮球运动后不宜立即进餐，至少要间隔半小时。如果运动量大，那么从运动结束到开始用餐之间至少间隔45分钟。

（3）食物所含热量的总量要符合篮球供能特点，满足机体之需。要吃新鲜干净、营养丰富、营养价值高的食物。食物既要易于消化，也要有刺激食欲的功效。酸性食物和碱性食物要搭配均衡。

（4）用科学健康的方法烹饪食物，以免破坏食物中的营养。

（5）在运动前、运动间歇、运动后都要注意补水。

（6）大学生篮球竞技能力的保持与其自身的体重有关，因此还要通过合理的饮食营养来有效控制体重，适当增重或减重，保持最佳体重水平。减重者不能采取饥饿控食的方法，而是要健康、理智饮食，以低热量食物为主。增重者的能量摄入量要比消耗量多，可以适当多吃肉类等高热量食物。

第二节 运动康复保障

一、篮球运动中易发生损伤的部位

（一）下肢部位

1. 膝关节

大学生在篮球学练中难免会发生运动损伤，而最易受伤的部位是膝关节，膝关节一旦受伤，那么大学生很难再继续参与篮球运动了。篮球运动中充满激烈的争夺和快速的攻守转化，大学生参与这项运动时，为完成各种技战术动作，身体重心一直保持较低位置，而屈膝就成为最常见的一种姿势，膝关节在弯曲状态下很容易受到瞬时冲击力、剪切应力和持续应力的作用，因此很容易受伤。

在人体各部位的关节中，膝关节最为复杂，膝关节的构成附件如韧带、肌肉也是所有关节中最多的，一旦膝关节发生损伤，那么就会伤及很多的肌肉和韧带，再加上膝关节损伤的发生机制非常复杂，所以膝关节部位的运动损伤具有复合性、高发性、多发性，而且受伤后治愈难度大。

2. 踝关节

篮球运动中，踝关节也是人体下肢中很容易受伤的一个部位，最常见的损伤是踝关节外侧韧带扭伤。该损伤常发生在跳投和抢篮板球技术中，大学生在采用这两种技术时，如果不注意落地缓冲，或落地时不下心踩了同伴或对方的脚，那么很容易发生踝关节扭伤。

现代篮球运动中有大量激烈的拼抢，动作越来越凶悍，空中对抗越来越激烈，对参与者的空中能力提出了很高的要求。从解剖学的角度来看，当人处于腾空状态时，踝关节处于“J”形的自然跖屈内翻位，这是很容易受伤的一种姿势，落地时出现任何失误都有可能造成踝关节扭伤，甚至还会引起附近肌腱的骨折。

（二）躯干部位

在篮球运动中，腰部是人体躯干中最易受伤的部位。大学生参与篮球训练，完成每个技术或战术都要以腰部运动为枢纽，腰部发力运动是篮球近身对抗的基本要求，如果发力点不准确或过度发力则很容易引起腰部损伤。

不管在什么运动中，身体活动的枢纽始终都是腰部，因为腰部在身体结构中位置的特殊性，从生理学的角度来看这个部位具有负重大、活动多、应力集中等特点，这是该部位容易受伤的主要原因之一。篮球运动中腰部活动频繁出现在跳起拼抢、运球过人、急转身等技术中，如果这些技术掌握不好，那么很容易发生急性腰扭伤。

篮球运动中腰部损伤的发生机制复杂，原因较多，因为间接暴力而造成的腰部损伤比较常见一些。腰部损伤具有综合性，即既有急性性质，也有慢性性质，如果急性腰扭伤处理不当，则容易发展成慢性腰肌劳损。腰部运动损伤的治愈难度也比较大，因为受伤部位在人体中的分布比较深，而且治疗时要考虑日常活动、运动训练的需要。多年参与篮球运动的大学生腰部大都有疾患，优秀的篮球运动员也不例外，从急性腰扭伤发展而来的慢性腰肌劳损对很多篮球运动员来说都是很大的困扰，甚至有些运动员因为常年的腰部疾患而被迫退役。

（三）上肢部位

现代篮球运动中一些上肢动作要“以肩为轴”去完成，上肢活动范围加大，肩关节、肘关节、腕关节、指关节的活动频率也随之增加，这就加大了这些部位受伤的风险。在篮球运动中，最易受伤的上肢部位是肩肘部，如肩袖损伤、肘关节内侧韧带损伤。篮球运动是空中拼抢和争夺球的项目，腾空跳起后上肢要充分伸展，在外力的刺激下，肩肘关节牵拉过度，则很容易发生损伤。

二、大学生在篮球学练中发生损伤的急救方法

（一）开放性软组织损伤

开放性软组织损伤是指伴有皮肤、粘膜的完整性受到破坏，伤口直接与外界相通的软组织损伤。篮球运动中最常见的有擦伤、挫裂伤等。此类损伤的现场紧急处理方法如下。

1. 止血

最常见的止血方法是压迫止血法，如图8-2所示。如果采用压迫止血法依然不能成功止血，就要借助带状物进行止血，如胶布条、橡皮筋等，在患处打结时要把握好松紧度，达到止血效果即可。止血带扎好后要注意间隔一段时间就松开一次，以促进患处血液循环。如果是上肢部位受伤，那么隔半小时左右解开一次，如果是下肢受伤，那么隔一小时左右解开一次，每次解开5分钟左右后再次结扎。如果条状带结扎的时间太长，或扎的太紧，则容易造成远端肢体缺血性坏死，所以要对患处远端肢体的表征随时观察。出现异常后对结扎带的松紧度进行适当的调整，如果伤口不再出血，创面血液凝固，可将包扎带缓慢松开。

2. 保护创面，防止感染

若创面上有异物时，不要用嘴吹或用一般的水冲洗，而应用碘酒、酒精、消毒橡胶手套、棉签、棉垫、纱布等医疗工具进行消毒与清洁操作。局部消毒操作时应特别注意由创面中心逐步向外周消毒，就像画圆圈一样。

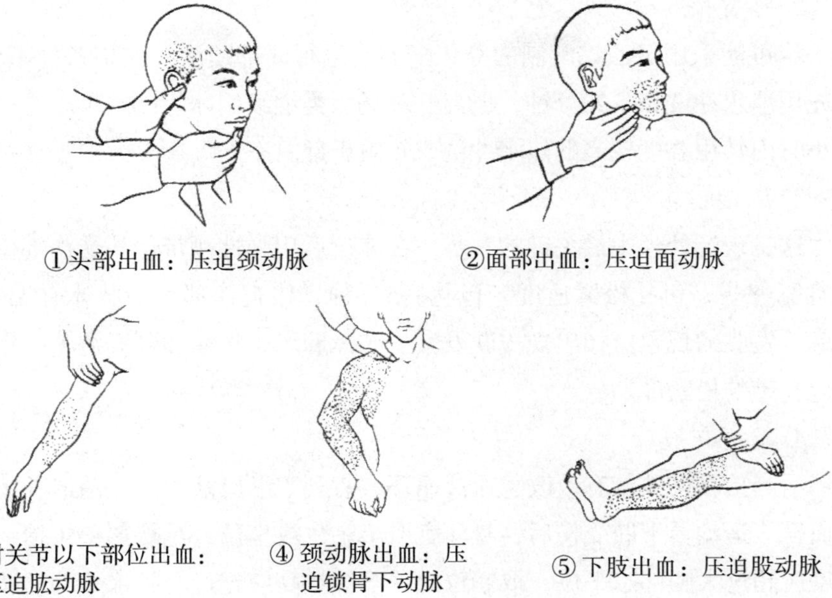

图8-2 不同受伤部位的压迫止血[①]

（二）闭合性软组织损伤

在篮球运动中经常发生肢体急性闭合性软组织损伤，正确的紧急处理不仅可以防止受伤局部进一步出血，减缓疼痛，而且有利于伤病恢复。现场急救处理方法如下。

1. 局部制动休息

伤肢制动是急性损伤现场处理的第一步，是有效减轻疼痛、减少组织出血、防止再次活动而加重损伤程度的重要措施。受伤时切忌使用按压、揉捏、转动、牵拉等方法，否则将使疼痛加剧，造成局部出血和炎症。为了加强制动休息的疗效，除患者自我控制伤肢不动外，还可使用钢丝托板、支撑保护带等。受伤后48小时内应连续执行制动休息的原则，禁止使用可能导致重新出血的治疗方法。

---

① 荣湘江等.体育康复 运动处方 医务监督[M].桂林：广西师范大学出版社，2000.

2. 冰疗

尽可能采用氯乙烷配制的雾化降温剂进行局部喷涂，如果条件不允许，可先用凉水冲洗15~20分钟，但离开球场后需继续用冰袋冷敷半小时。伤后48小时内禁用温度较高的热水冲洗或热敷患部。

3. 压迫包扎

这是现场处理中最关键的一步。在冰疗后用弹性绷带包扎受伤部位，绷带宜宽一些，包扎松紧适度。包扎后5分钟，检查伤部远端肢体有无发绀、发麻、发胀的现象。如出现皮肤发紫、肢体麻木、疼痛加剧等症状，立即调整包扎带的松紧度。

4. 抬高伤肢

适当抬高伤肢能有效改善血液循环，有利于淋巴液回流，消退肿胀。一般而言，运动员下肢受伤后，身体宜取半躺位或坐位，足踝部垫（抬）起的高度应超过大腿部水平位；取躺位时，下肢垫高应超过心脏水平。上肢远端受伤后，应抬高手腕部，并超过心脏水平。

（三）骨折与脱位

当受伤部位出现明显畸形、剧烈锐痛时，原则上应立即按骨折脱位的紧急处理方式来进行急救，不要在未弄清楚伤病的情况下擅自实施手法复位等治疗。

闭合性骨折和脱位的紧急处理：临时夹板固定、肢体制动，以减轻疼痛，避免再次受伤，便于转送。当环境温度较低时，还要注意保暖。

开放性骨折或脱位的紧急处理：除止血、保护创面、防止感染外，也应对患肢进行临时制动与固定。固定时最好按患肢受伤后的自我保护性姿态进行，尽量不要移动伤肢，以免加重症状。

发生骨折后临时固定非常重要，不同部位的固定如下。

前臂骨折的临时固定如图8-3所示。

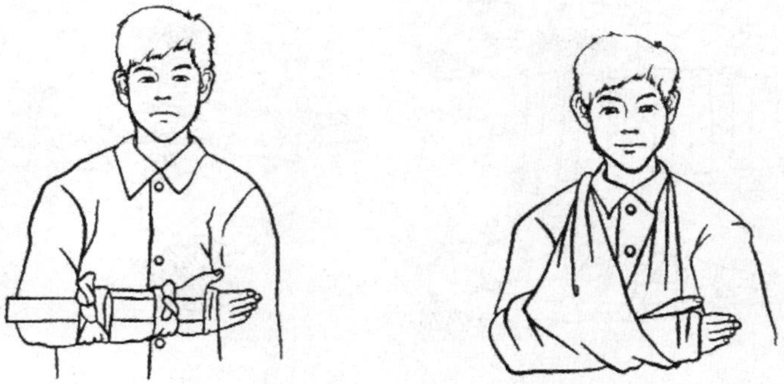

①　　　　②

图8-3　前臂骨折的临时固定[①]

肱骨中段骨折的临时固定如图8–4所示。

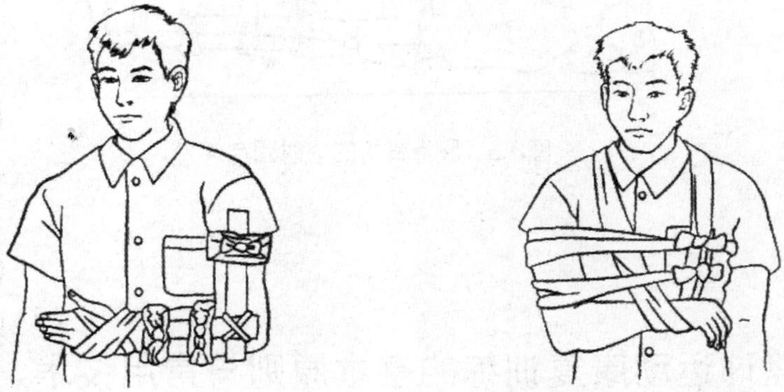

①有夹板包扎法　　　　②无夹板固定躯干法

图8-4　肱骨中段骨折的临时固定

小腿骨折的临时固定如图8–5所示。

① 顾丽燕.运动医务监督[M].北京：北京体育大学出版社，2009.

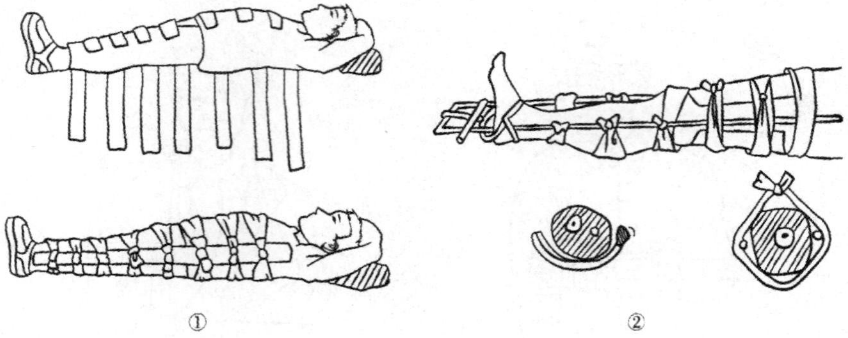

图8-5　小腿骨折的临时固定

股骨骨折的临时固定如图8–6所示。

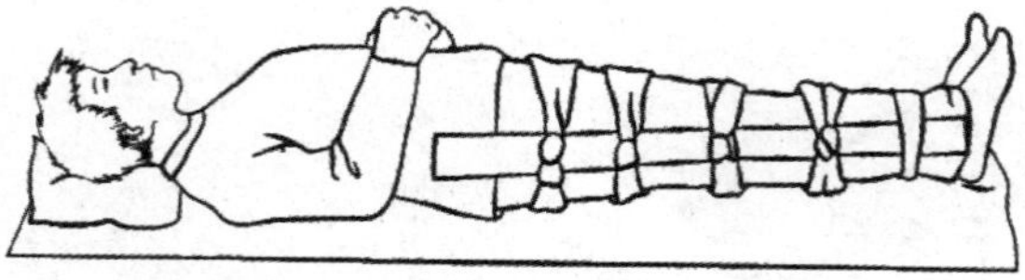

图8-6　股骨骨折的临时固定①

三、篮球运动康复训练的基本原则与常用技术

（一）篮球运动康复训练的基本原则

1. 区别对待

大学生在篮球运动中发生运动损伤后，篮球教师或教练员要根据不同伤者的个人情况、伤病特点去设计和实施康复训练方案，方案要有针对性和区

---

① 顾丽燕.运动医务监督[M].北京：北京体育大学出版社，2009.

别性，不同大学生如果发生的损伤不同或损伤程度不同，那么康复训练的内容、方法、负荷等都应该有区别。采取什么样的方法进行康复训练，要根据受伤部位、损伤类型、受伤程度而定，在发生损伤后的不同治疗阶段采取的康复训练方法也应有所差异。

篮球教师或教练员设计康复训练计划时还要对患者的运动水平、体能素质、心理素质等情况予以考虑，不同大学生因为各方面的差异，对运动损伤可能持有不同的态度，对运动恢复也有不同程度的渴望，所以在进行康复训练时也有不同的表现。例如，喜欢篮球运动、意志力坚强的大学生能够积极完成康复训练计划，训练效率高，训练效果好；而被迫参与篮球运动且意志薄弱的大学生则渴望恢复的程度较弱。对于前者，要防止再度受伤；对于后者，要鼓励其自觉训练，尽快康复。

2. 保强补弱

大学生在篮球运动训练中发生运动损伤后，既要养好伤，又要做适当的练习来促进恢复，这是运动训练中领域非常著名的一个指导思想——“养伤不停训”。在这一指导思想下进行康复训练，要求贯彻“保强补弱”的原则。运动损伤对大学生来说是很大的打击，给大学生带来很多的消极影响，但这个影响绝不只是损伤本身造成的，还有很大一部分负面效应是来自大学生本身。大学生受伤后态度消极，影响了身体康复，也制约了运动能力的恢复，导致运动水平不及受伤前。有些态度消极的患者认为要绝对静止休息才能养好伤，他们对康复训练持消极反对态度，所以耽误了恢复体能和技战术能力的好时机。事实上，在康复期间专门安排弱项技术的练习，能够有效弥补技术的缺陷，提高整体技术水平和综合竞技能力。

3. 动静结合

动静结合和保强补弱相似，大学生发生运动损伤后，不能一味卧床休息，而应该适当做一些动态的练习，动静结合，加快康复过程，提高康复效果。在伤后康复的早期阶段，要多休息，做少量的运动，在康复的中期和后期，适当增加动态练习的次数，要注意受伤部位不宜过多活动，要多锻炼未受伤的部位，避免身体机能下降和运动能力退化。

4. 综合训练

综合训练指的是在康复训练中要全面训练受伤部位和其他部位，训练内容、方法手段应该是丰富多样的。综合训练有助于尽快促进康复、提高恢复质量、增强体能素质、预防再次受伤。大学生在篮球学练中如果发生了关节损伤，那么应该从以下几方面来加强综合训练。

（1）等张练习与等长练习的综合。

（2）大肌群练习和小肌群练习的综合。

（3）关节练习、肌肉练习和韧带练习的综合。

5. 整体康复

发生运动损伤后，康复训练应该贯彻从局部到整体的原则，在身体训练的基础上进行心理训练、技战术训练，以整体提升健康水平和竞技能力，这就是整体康复的训练原则。运动损伤不仅改变了受伤部位的局部机能，而且对整个身体机能都有影响，此外心理机能、技战术能力也受到了影响，运动损伤给患者带来的影响是一系列的，各方面的影响是不可完全割裂的，它们相互影响，相互制约，可谓“牵一发而动全身”。因此在康复训练阶段，不能只练习受伤部位，还要强调整体的练习，促进各方面的协调发展，全面提高健康水平和运动水平，这样恢复后才能继续参与篮球运动，快速进入正常运动状态。

（二）常见运动康复技术

1. 肌肉力量康复技术

（1）开链运动

开链运动指的是肢体远端不固定且不承受身体重量所进行的运动。

①肩关节侧卧外旋

训练肌群：

冈下肌和小圆肌。

练习方法：

侧卧，在腋窝下放一个卷起的毛巾或枕头，屈肘90° 放在腹侧。肩关节慢慢外旋，直到前臂垂直地面。慢慢还原，反复练习。

②肩关节俯卧位水平外展

训练肌群：

三角肌后束，菱形肌。

练习方法：

俯卧在训练床上，手臂下垂、外旋。肘关节伸直，拇指朝外，手臂抬起、外展，与地面夹角较小，缓慢还原，反复练习。

③侧卧臀中肌练习

训练肌肉：

臀中肌。

练习方法：

侧卧，在膝盖之间放泡沫轴，屈膝45°，躯干伸直。膝关节缓慢外展到最大程度，腿慢慢放下，再回到原位。也可撤去泡沫轴进行练习，重复数次。

④膝关节伸展练习

训练肌肉：

股四头肌。

练习方法：

坐位，屈膝，然后伸膝至最大范围，再缓慢还原。双腿或单腿练习均可，逐渐增加阻力。

⑤胫骨后肌群练习

训练肌肉：

踝关节胫骨后肌群、腓肠肌、内旋肌群、比目鱼肌。

动作要求：

坐姿，从前脚绕过弹力带，练习腿置于上面，用力进行足跖屈和内翻练习。

⑥踝关节弹力带跖屈练习

训练肌肉：

比目鱼肌、腓肠肌。

练习方法：

坐在垫上，弹力带系在前脚掌，膝关节伸直，踝关节对抗弹力带阻力做跖屈练习。

⑦踝关节弹力带背屈练习

训练肌肉：

腓肠伸肌、胫骨前肌、趾长伸肌。

练习方法：

坐在垫子上，弹力带系在前脚掌，膝关节伸直，踝关节对抗弹力带阻力做背屈练习。

（2）闭链运动

闭链运动是指肢体远端固定并承受身体重量所进行的运动。

①股四头肌静蹲

训练肌肉：

臀大肌，股四头肌。

练习方法：

双脚分开同肩宽。缓慢屈髋、屈膝，臀部后坐，直到大腿平行于地面，反复练习。

②膝支撑腘绳肌离心练习

训练肌肉：

腘绳肌、腰背肌。

动作要求：

跪在垫上，同伴压住练习者小腿。练习者双手抱胸，从垂直位开始练习，躯干缓慢移动到俯卧，还原，反复练习。

③提踵

训练肌肉：

腓肠肌、比目鱼肌。

动作要求：

双脚左右同肩宽，重心在两腿间。脚尖尽量向上踮起，再慢慢放下，重复数次。

④单腿台阶上下蹲

训练肌肉：

下肢肌群。

练习方法：

躯干挺直，保持稳定。单腿站在台阶上，支撑腿屈膝，健腿抬起，手臂外展以保持平衡，还原，反复练习。

⑤单腿平衡囊蹲

训练肌肉：

下肢肌群。

动作要求：

单腿放在平衡囊上，支撑腿稍屈膝，两臂外展保持平衡，反复练习。

2. 核心区稳定性训练技术

（1）徒手训练

①背肌训练

练习目的：

募集臀大肌、脊柱深层稳定肌。

练习方法：

俯卧，臀大肌、后背肌群收紧，胸部和双腿抬离地面，将肚脐拉向脊柱，保持3～5秒，慢慢还原，重复数次。

②腹横肌训练

练习目的：

募集腹横肌。

练习方法：

方法一：仰卧，屈髋、屈膝，双脚支持地面，骨盆中立位。正常呼吸，同时将肚脐拉向脊柱，保持3～5秒，慢慢还原，重复数次。

方法二：跪姿，双手、双膝支撑，下颌微收，脊柱和骨盆中立位。正常呼吸时，将肚脐拉向脊柱，保持3～5秒，慢慢还原，重复数次。

③旋转肌训练

练习目的：

增强核心部位斜向旋转的稳定性。

练习方法：

仰卧，屈髋、屈膝，重心放在双脚。两手相握，一侧肩部抬起，同时脊柱卷曲，手向对侧腿伸展，同时将肚脐拉向脊柱，保持3～5秒，慢慢还原，对侧做同样的练习。两侧交替练习。

（2）瑞士球核心稳定性训练

①俯卧瑞士球外滚训练

练习目的：

募集腹部肌肉及髋关节周围稳定肌。

练习方法：

跪姿，前臂下放瑞士球，骨盆与颈部中立位；向前滚动球，同时髋部前移，肩关节伸展，身体成一条直线，慢慢还原，反复练习。

②侧卧臂支撑训练

练习目的：

增强核心部位在冠状面内的稳定性。

练习方法：

侧卧，前臂支撑，双脚置于瑞士球上。踝、髋、肩在一条直线上，骨盆中立位。身体平直，尽可能坚持，正常呼吸。

③仰卧位蹬球训练

练习目的：

增强核心部位在矢状面内的稳定性及力量，提高膝、踝关节的稳定性。

练习方法：

仰卧，两臂在体侧，双脚在瑞士球上并拢。臀大肌收紧，臀部抬起，膝、髋、肩在一条直线上。腹部收紧，同时将肚脐拉向脊柱，保持3～5秒，还原，反复练习。

④瑞士球俯卧下肢回弯训练

练习目的：

募集腹肌与背肌，提高坐位稳定性。

练习方法：

俯卧撑姿势，瑞士球放在膝下或踝部。屈髋，腹部降低，使瑞士球向前滚动，停留3～5秒，缓慢还原，反复练习。

⑤瑞士球腹部卷曲训练

练习目的：

募集腹部肌肉。

练习方法：

瑞士球放在腰部生理弯曲处，身体呈架桥姿势，屈膝90°，双脚分开同肩宽，膝、髋、肩位于一条直线。躯干上抬，腹部收紧，骨盆中立位，将肚脐拉向脊柱，停留数秒，还原，反复练习。[①]

四、大学生在篮球学练中发生损伤后的康复训练指导

（一）膝关节韧带损伤

膝关节是篮球运动中最易受伤的部位之一，其中膝关节韧带损伤最为常见。发生这种损伤后，至少三天后才能进行康复训练，而且要和医务治疗结合起来同时进行。该损伤后的康复训练要注意以下几个事项。

第一，保持股二头肌、股四头肌的肌力，避免肌肉萎缩，影响膝关节的稳定性和牢固性。

第二，先进行无阻抗静力性收缩练习、伸屈膝练习，再逐渐进行抗阻动力性伸屈膝练习，循序渐进，慢慢过渡。

第三，在治疗后期适当多做伸屈抗阻练习，使膝关节在一定范围内正常活动。

（二）股四头肌挫伤

大学生在篮球运动中如果大腿受到外界暴力的直接冲击，就容易造成股四头肌挫伤。发生该损伤后，要先静态休息48小时，之后逐步进行康复练习。如果康复训练时间过早，容易再次受伤，可能造成局部肌炎。

在康复训练早期，先取仰卧位做小幅度的膝关节屈伸活动，然后下地慢慢行走，恢复一段时间后进行股四头肌力量练习和正常幅度的膝关节屈伸练习，以促进膝关节正常屈伸功能的恢复。康复训练时一定要注意控制好练习

---

① 《运动康复技术》编写组编.运动康复技术[M].北京：北京体育大学出版社，2016.

强度，以受伤部位没有疼痛感为宜。

康复训练过程中要加强安全保护，如用护腿工具，或包扎患处，以免再次受伤。

（三）髌骨软骨病

髌骨软骨病是篮球运动中发病率最高的慢性损伤。发生该损伤后进行康复训练时，以增强股四头肌的力量为主，主要采用发展肌力的等长训练方法，如直抬腿练习、非痛点静力半蹲练习等。此外，加强股二头肌的力量训练也很重要，以促进下肢前后肌群的均衡发展。

（四）踝关节韧带损伤

篮球运动中踝部受伤的概率仅次于膝部，比较常见的是踝关节外侧韧带损伤。一般受伤一周后才能进行康复训练，而且要配合临床治疗同时进行。各个康复阶段的训练要点如下。

1. 早期训练

在热水浸泡中和仰卧抬高患肢的条件下，进行踝伸屈练习，促进局部血液循环，消除皮下淤血和肿胀，防止局部粘连；在患处不产生疼痛的前提下进行跖肌的被动牵拉练习。

2. 中期训练

做蹬功率自行车、足滚圆木等练习，以促进足、踝部肌肉运动精细调节功能的恢复。

3. 后期训练

以增强踝周肌肉、韧带力量和足伸屈肌群的力量为主，进行起踵练习、足跖伸（踝屈）抗阻练习等，以增强与踝外旋、外翻功能有关的肌群和韧带的力量。

（五）跟腱断裂

大学生在篮球运动中发生跟腱断裂多与间接外伤有关。发生该损伤要采取手术疗法，术后一个月去掉石膏托才能进行康复训练。同样分早期（术后4～6周）、中期（术后1.5～3个月）和后期（术后3～6个月）三个阶段进行。

1. 早期训练

早中期训练旨在恢复踝关节伸屈活动度和精细运动调节功能。早期阶段以床上踝关节的非阻抗伸屈功能活动为主。

2. 中期训练

中期应下地走路，采取向前和向后走路、蹬功率自行车、足滚圆木等练习进一步进行功能锻炼。刚开始下地练习时，应适当垫高鞋跟，以减轻对跟腱的牵张力，适应后再逐步调低鞋跟。

3. 后期训练

后期主要采取负重起踵练习、踝背伸抗阻练习等方式，以恢复踝跟肌、腱抗牵拉张力的肌力。

（六）肘关节脱位

肘关节脱位多因倒地时前臂保护性外展、外旋、后支撑所致。整复后第二天可进行握拳、转肩的康复练习，以促进前臂血液循环和消肿。去固定后，坚持进行肘关节伸屈和前臂旋转运动。

需要注意的是，在肘伸屈训练过程中，动作辐度逐渐加大，直至恢复原有角度，不要用蛮力扳拉，以防发生骨化性肌炎。

（七）肩袖损伤

在篮球对抗条件下完成传、投、接、抢、运等进攻动作时容易发生肩袖损伤。急性期后进行针对性康复训练，如肩关节的同旋、旋转运动和肩外展90° 位负重静力练习等，以改善局部血液循环，增强肩部外展肌群尤其是三角肌的力量，防止肌肉萎缩。康复训练以肩部不产生疼痛为原则。从无阻力练习逐渐过渡到带阻力的力量性练习（图8–20）。

（八）急性腰扭伤

急性腰扭伤常因腰部动作不正确或腰部伸屈伴扭转动作不协调，加之腰背肌力不足而造成。在康复训练中应加强腰、腹肌力量练习。早期训练以徒手练习为主，中期阻抗负荷要缓慢加量，逐渐增加练习幅度和速度。练习结束后进行腰部按摩，放松腰部肌肉。

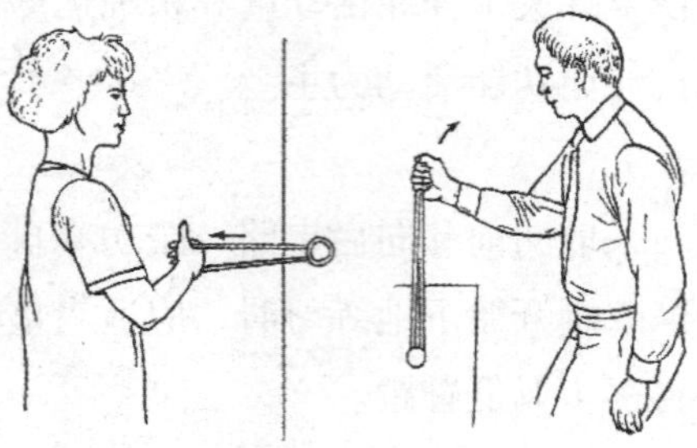

图8-7 带阻力的力量练习①

第三节 医务监督保障

一、高校篮球教学中医务监督的组织与实施

（一）健康分组

高校篮球教学要贯彻区别对待、因材施教的原则，在篮球教学中实施医务监督，同样要区别对待。贯彻该原则，要求根据学生的身体健康状况将学生划分为不同的小组，各组的教学内容、教学方法、教学组织形式、教学注意事项等要依据该组学生的健康状况而选择和确定，旨在增强各组所有学生的身体健康水平。划分健康小组时，学生的身体形态状况、身体机能水平、身体素质水平、运动基础、运动经验及运动能力等都是必须考虑的现实因

① 《运动康复技术》编写组编.运动康复技术[M].北京：北京体育大学出版社，2016.

素。因此要先通过询问病史、体能测试和医学检查等方式来了解学生的综合健康状况，然后根据所获得的信息将学生分为下面三个小组。

（1）基本组：学生身体基本健康。

（2）准备组：学生体质水平一般，有轻微缺陷。

（3）特别组：学生健康水平较低，存在严重的缺陷。

在篮球教学中，各组学生的身体健康水平和运动能力都会得到相应的提升，因此要定期测试学生的体质，然后重新分组，确保不同身体水平的学生都能获得持续的发展。

（二）医学观察与安全检查

1. 医学观察

（1）观察机体反应

①上课前通过询问的方式了解学生的身体情况和自我感觉。

②分阶段实施篮球课堂教学，每完成一个阶段，通过观察、测量等方式了解学生的疲劳症状。

③结束一节课的篮球教学后，对相关生理指标进行测评，了解学生的疲劳和恢复情况。

（2）评定机体适应情况

篮球教学中教师安排的运动量和运动强度是否适合学生，要根据对学生血压、心率等常见生理指标的测量才能判断和评定。通过测量，了解学生血压、心率等指标与上课前有无差异及差异大小，从而判断运动负荷是否适宜，评价学生的练习效果。

2. 安全检查

体育运动有一定的危险性，体育教学中要时刻谨记安全第一。篮球运动是对抗性很强的剧烈运动，在运动过程中发生意外损伤的概率大，对此必须做好安全检查和监督工作，加强安全管理。重点检查的对象包括篮球运动场地设施、学生着装、周边环境等，确保篮球运动基础设施安全、标准；学生着装卫生、得体；温度、通风、光线等运动环境适宜，这样才能大大提高篮球教学的安全性，保障学生的安全。

（三）医务督导

1. 加强课堂管理

加强篮球课堂教学管理，包括篮球课程设计管理、篮球课程组织形式管理和篮球教学方法管理等内容。上课前篮球教师要全面普及安全知识，强调安全事宜，提高学生的安全防范意识，增强学生的自我保护能力。课堂教学中，对所有学生的运动状态都要有所把握，及时发现学生的不良反应症状，以免造成严重事故。因为班级学生较多，所以教师可能无法照顾到每个学生，因此要发挥体育委员和体育骨干的作用，或划分练习小组，发挥各组组长的作用。

2. 确保设施安全

对篮球教学场地、器材设备的检查应该在上课前完成，及时发现和解决安全问题，对每个学生的安全负责，不能存在任何侥幸心理，否则可能酿成无法弥补的教学事故。

3. 合理安排教学内容

在篮球教学中，先安排基础体能教学内容，然后安排技术内容、战术内容，最后进行综合练习，循序渐进，依次进行。各类教学内容的安排也要遵循从简单到复杂的原则，要符合学生的身心规律、认知规律和运动技能形成规律。在各类内容的教学中都要把安全放到第一位。

4. 正确处理异常现象

在篮球教学中，教师要随时观察学生的身体状况，通过学生的面部表情、排汗量、体能状况、运动表现等判断学生是否能适应运动强度，是否有不良反应。如果发现学生有不适症状，要及时处理，不要让学生逞能。身体状况不佳的学生，要有正规医疗单位开出的证明才能正常上实践课。如果学生身体条件差，不能做剧烈的运动，可单独针对这类学生设计一些简单的练习，使其在简单的篮球练习中改善身体条件，增强体质。

二、高校篮球教学中医务监督的方式

（一）篮球教师和校医的监督

高校篮球教学的开展与实施中，主要负责人是篮球教师或教练员，在篮球教学的各个环节，篮球教师或教练员都要注重医务监督与管理，全程实施严密监控，保障学生的安全，并有效提高教学效果，实现教学目标。篮球教师还要指导学生做好自我监督工作，将健康教育和篮球教学密切联系起来，在篮球教学中提升学生的自我保护意识与能力。

篮球教学医务监督中会运用一些医学知识和运动医学知识，因此需要专业的医务人员参与进来，从专业角度监控与干预大学生的运动健康。高校医务室的医务工作者要肩负起这一重任，与篮球教师共同展开篮球课堂教学与课外活动的医务监督与安全管理。医务人员主要起到辅助配合的作用，可以给篮球教师提意见，以辅助篮球教师顺利开展篮球教学工作。具体来说，医务工作者要做好以下几方面的工作。

第一，普及运动医学常识，尤其是运动性伤病的防治知识，通过学校广播站、宣传栏等形式宣传体育教学中的安全常识和防护技能，宣讲科普文章，引起师生对体育教学中安全问题的重视，提高师生这方面的知识水平。

第二，检查学生的身体健康状况，评定学生的身体机能水平，协助篮球教师对篮球课上的运动量进行合理安排，使学生在安全的环境下提高健康水平和篮球技能水平。

第三，深入开展运动医学方面的研究，创造更多的科研成果，从而为高校体育教学的安全实施提供科学的理论指导。

（二）大学生自我监督

在高校篮球教学中保障学生的安全最重要的还是要靠学生自己，大学生要树立高度的安全意识，掌握基本的自我保护技能，学会操作篮球运动中常见伤病的紧急处理方法。大学生在篮球课上要对自己身心状态的变化时刻注意，记录好主观感觉，并用简单的生理指标进行客观检查，这样不仅能发现自己的健康问题，及时处理，还能对自己的练习效果有所了解，从而根据生理反应去调整运动量，以不断提高学习效果和健康水平。大学生自我医务监督见表8–2。

表8-2 大学生自我监督表①

姓名________ 时间________

	内容	反应/数据						备注
主观感觉	运动心情	渴望练习		一般		厌烦练习		
	食欲	良好		减少		不佳		
	睡眠	良好		失眠		入睡难		
	排汗量	增多		一般		盗汗		
	不良感觉	胸痛		头晕		恶心等		
客观检查	体重							
	脉搏	次/30秒		晨脉		节律		
	肌力							
	运动成绩							
病史								

① 李志宏，周振华.加强医务监督 促进体育教学与训练[J].湖南城市学院学报(人文社会科学版)，2002(06)：103–105.

参考文献

[1] 陈晓端，张立昌. 有效教学[M]. 北京：高等教育出版社，2015.

[2] 陈佑清. 有效教学[M]. 北京：高等教育出版社，2016.

[3] 侯耀先，栾宏. 有效教学论[M]. 西安：西安出版社，2011.

[4] 肖成全等. 有效教学[M]. 大连：辽宁师范大学出版社，2006.

[5] 陈钧，郭永波，杨改生. 篮球理论教学概论：运动系专修[M]. 北京：北京体育大学出版社，2007.

[6] 张亚辉，王成军，杨君伟. 实用篮球教学理论与方法[M]. 西安：西安地图出版社，2007.

[7] 杜俊娟. 体育教学设计[M]. 北京：北京体育大学出版社，2007.

[8] 杨雪芹. 体育教学设计[M]. 桂林：广西师范大学出版社，2008.

[9] 韦雪梅，刘震. 新时期下"体教结合"的理念及其重构[J]. 吉林体育学院学报，2012，28（05）：35-36.

[10] 高建玲. 我国普通高校推进"体教融合"的路径解析[J]. 当代体育科技，2020，10（36）：138-140.

[11] 王家宏等. 21世纪体育教育人才培养的研究[M]. 北京：北京体育大学出版社，2007.

[12] 仇慧. 高校篮球教程[M]. 哈尔滨：哈尔滨工业大学出版社，2006.

[13] 周龙，吕俊莉，孙卫星. 高校篮球综合训练理论与实践[M]. 北京：当代中国出版社，2011.

[14] 王阳. 中美高校体教结合模式下高水平篮球运动员培养的比较研究[D]. 武汉体育学院，2017.

[15] 王莹. 高校体育教师职前培养课程设置改革研究[J]. 科技资讯，2020，18（36）：144-146.

[16] 于振峰. 现代篮球技术学练设计[M]. 北京：高等教育出版社，2013.

[17] 胡磊，张超. 篮球运动技战术与体能营养研究[M]. 成都：西南交通大学出版社，2018.

[18] 孙民治. 篮球运动高级教程[M]. 北京：人民体育出版社，2000.

[19] 魏勇. 重视体育教学中的医务监督，保证学生运动安全和健康[J]. 体育教学，2008（07）：67–69.

[20] 李志宏，周振华. 加强医务监督 促进体育教学与训练[J]. 湖南城市学院学报（人文社会科学版），2002（06）：103–105.

[21] 姚鸿恩. 体育保健学[M]. 北京：高等教育出版社. 2006.

[22]《运动康复技术》编写组编. 运动康复技术[M]. 北京：北京体育大学出版社，2016.

[23] 顾丽燕. 运动医务监督[M]. 北京：北京体育大学出版社，2009.

[24] 肖春元. 大学体育篮球教学改革研究[M]. 哈尔滨：黑龙江教育出版社，2019.

[25] 孙民治. 篮球运动教程[M]. 北京：人民体育出版社，2006.

[26] 孙翌森，张雷. 高校篮球训练运动生理学知识的应用[J]. 文体用品与科技，2014（24）：188–189.

[27] 王步标，华明. 运动生理学（第二版）[M]. 北京：高等教育出版社，2011.

[28] 毛志雄，迟立忠. 运动心理学[M]. 北京：人民大学出版社，2015.

[29] 洪晓彬. 篮球运动心理学研究与应用[M]. 广州：世界图书出版广东有限公司，2015.

[30] 李忠义. 校园篮球指教之路[M]. 西安：世界图书出版西安有限公司，2018.

[31] 孙强. 篮球运动与体育健身研究[M]. 广州：广东旅游出版社，2018.

[32] 王家宏，胡红，张宏成. 篮球[M]. 桂林：广西师范大学出版社，2003.

[33] 曹东平，郑勇，王田祖. 篮球运动理论及现代发展探索研究[M]. 北京：中国商务出版社，2016.

[34] 胡安义. 篮球运动理论与实践研究[M]. 天津：天津科学技术出版社，

2018.

[35] 刘洋，曹国强，周怀球. 篮球运动多维发展探析与科学化训练[M]. 北京：九州出版社，2018.

[36] 盖庆武，贺星岳. 新时代高职课程思政理论与实践[M]. 杭州：浙江工商大学出版社，2019.

[37] 武雅丽，叶勇，康亮. 新时代高职院校工科专业课程思政教育探索[M]. 成都：西南交通大学出版社，2019.

[38] 陈丽. 新形势下“课程思政”理念融入高校体育篮球课程的路径[J]. 黑河学院学报，2021，12（04）：41–43.

[39] 丁杰.“课程思政”融入高校体育专业教学路径探析[J]. 现代交际，2020（22）：159–161.

[40] 张朝法. 高校篮球“课程思政”的探索与实践[J]. 江苏师范大学学报（自然科学版），2019，37（04）：75–78.

[41] 孙锡杰. 新媒体对高校校园体育文化构建的影响研究[J]. 体育科技，2021，42（01）：58–59+62.

[42] 岳菲菲，李勇勤. 中央电视台体育频道体育文化传播的现状和对策研究[J]. 北京体育大学学报，2010（11）：34–37.

[43] 刘晓薇. 新媒体融合背景下体育文化诠释[J]. 中国有线电视，2018（8）：78–81.

[44] 张小刚. 多媒体在高校篮球教学中的运用途径探索[J]. 当代体育科技，2016，6（14）：98–99.

[45] 王戈. 篮球教学与CAI课件的研制与应用[J]. 内江科技，2011，32（09）：67–68.

[46] 郑欣，赵长璧. 多媒体技术在篮球课技术教学方面的应用研究[J]. 当代体育科技，2018，8（18）：96–97.

[47] 陈杰. 篮球运动教学理论创新与实战技巧研究[M]. 北京：中国原子能出版社，2018.

[48] 储朝晖. 以人为本的教育转型[M]. 杭州：浙江大学出版社，2016.

[49] 黄丽秋. 终身体育思想的形成及教学引领研究[D]. 湖南师范大学，2014.